USEDOM

mit Greifswald

DIE AUTORINNEN

Eszter Kalmár lebt in Potsdam und arbeitet als Lektorin und Redakteurin. Sie ist an der Ostseeküste aufgewachsen, verbrachte unter anderem mehrere Jahre auf Rügen und besucht ihre Heimat regelmäßig.

Christine Berger lebt in Berlin und reist häufig auf ihre geliebten Inseln Rügen und Usedom. Etliche Reiseführer über Berlin, Usedom und Rügen sind bereits von ihr erschienen.

www.vistapoint.de

Inhalt

Extras – Zusatzinformationen

Zeichenerklärung

Top 10
Das müssen Sie gesehen haben, siehe vordere innere und hintere Umschlagklappe.

Vista Point
Reiseregionen, Orte und Sehenswürdigkeiten

Symbole
Verwendete Symbole siehe hintere innere Umschlagseite.

Kartensymbol: Verweist auf das entsprechende Planquadrat der ausfaltbaren Karte bzw. der Detailpläne im Buch.

Willkommen auf Usedom

Als »Pommersche Riviera« bekannt, ist die Insel Usedom eine der klimatisch mildesten und sonnenreichsten Regionen Deutschlands. 42 Kilometer Sandstrand an der Pommerschen Bucht mit teilweise bis zu 70 Metern Breite und die herrliche Natur des Hinterlands bieten zu jeder Jahreszeit Entspannung und Erholung. Die einzigartige Mischung aus Ostsee-Strandleben mit mondäner Bäderarchitektur und zauberhafter, stiller Natur mit verträumten Fischerdörfern zieht jährlich viele Besucher in ihren Bann.

Mit einer über 9000-jährigen Besiedlungsgeschichte ist Deutschlands zweitgrößte Insel nicht nur für Naturverbundene interessant, sondern auch historisch gesehen eine Fundgrube. Schon in der Mittelsteinzeit wurde hier gesiedelt. Im Laufe der Zeit war Usedom immer wieder Zankapfel zwischen Dänen,

Schweden, Slawen, Franzosen und Preußen. Im 19. Jahrhundert wurden Ahlbeck, Heringsdorf und Bansin als Seebäder für die Betuchteren entdeckt. Auf den Promenaden der sogenannten Kaiserbäder flanierten Adlige und das wohlhabende Bürgertum und genossen dort nicht nur das Badeleben.

Die teilweise hochherrschaftlichen Villen und Hotels an der Ostsee künden noch heute von der über 100-jährigen Geschichte des gepflegten Badeurlaubs. Das mondäne Flair vergangener Tage ist nach behutsamer Restaurierung der beeindruckenden Bäderarchitektur wieder zu spüren.

Viele Naturschutzgebiete sorgen dafür, dass Flora und Fauna auf Usedom nicht zu kurz kommen. Auf Wanderungen und Radtouren kann man seltene Vögel beobachten, Seeadler kreisen sehen, und Orchideen oder Sonnentau wiegen ihre Blütenköpfe im Wind. Zahlreiche geführte Touren bringen dem Besucher die Natur näher. Ein echtes Erlebnis – nicht nur für Großstadtpflanzen!

Die Seebrücke von
Ahlbeck auf Usedom

Daten zur Geschichte der Insel

Ab 7000 v. Chr.	Erste Besiedlung der Insel Usedom in der Mittelsteinzeit.
4. Jh. n. Chr.	Die Germanen wandern von Usedom ab.
7. Jh. n. Chr.	Usedom wird von slawischen Stämmen besiedelt.
946	Uznam (Usedom) findet Erwähnung als Hauptort der slawischen Terra Wanzlow.
1115/19	Belagerung der Insel durch die Dänen.
1128	Christianisierung unter Bischof Otto von Bamberg – den Mönchen folgen die Kreuzritter, in deren Gefolge strömen niedersächsische Bauern und Handwerker ins Land.
1190	Gründung des Klosters Eldena bei Greifswald.
1243	Erste Erwähnung Anklams, damals noch Tanclim.
1248	Erste Erwähnung Greifswalds, damals Grypheswald.
1264	Verleihung des Stadtrechts an Anklam. Die Stadt nimmt eine rasante Entwicklung und gelangt dank seiner Lage an der Peene durch Handel zu Reichtum.
1370	Durch den Frieden von Stralsund garantiert Dänemark der Hanse Handelsfreiheit im Ostseeraum.
1401	Klaus Störtebeker wird festgenommen und in Hamburg hingerichtet.
1456	Gründung der Universität Greifswald.
16. Jh.	Nach der Reformation fällt Usedom den Herzögen aus dem wolgast-pommerschen Greifenhaus in den Schoß, es bildet sich ein feudaler Junker- und Beamtenstaat, der die Bauern auf der Insel zu Leibeigenen macht.
1618–48	Im Dreißigjährigen Krieg plündern die kaiserlichen Heerhaufen unter Wallenstein und die Schweden unter König Gustav II. Adolf. Auf der Insel Usedom hausen 1628 die Dänen und richten großen Schaden an. Die Wallensteinschen Truppen verjagen sie wiederum. Ganz Vorpommern fällt im Verlauf des Krieges an Schweden. Im Frühjahr 1629 setzen sich die Kampfhandlungen zwischen den kaiserlichen und dänischen Truppen fort. Im Mai zwingt Wallenstein den Dänenkönig zum Frieden.
1637	Herzog Bogislaw XIV. stirbt, das pommersche Fürstenhaus erlischt.

Usedom – die älteste Stadt der gleichnamigen Insel (Stich von Matthäus Merian d. J. um 1652)

1648	Ende des Dreißigjährigen Krieges. 1648 wird ganz Vorpommern, also auch die Insel Usedom, infolge des westfälischen Friedens dem Königreich Schweden einverleibt. Unter der schwedischen Herrschaft beginnen wieder ruhigere Zeiten. Ende des 17. Jahrhunderts finden Landvermessungen statt, deren Ergebnisse in den sogenannten Matrikeln festgehalten wurden. Diese Unterlagen stellen das älteste Kataster der Orte auf der Insel Usedom dar.
17./18. Jh.	Auf Usedom tummeln sich Soldaten aller Herren Länder. Preußen, Polen, Russen und Dänen wollen den Schweden ihren billig erworbenen Besitz streitig machen.
1715/16	Bis zum Friedensschluss kommt es zu mehreren Schlachten zwischen schwedischen und preußischen Truppen, meist um und an der Peenemünder Schanze.
1720	Durch den Stockholmer Frieden wird Vorpommern und damit auch die Insel Usedom den Preußen zugesprochen.
1806	Franzosen besetzen das Land.
1812/13	Die Bevölkerung Usedoms greift zu den Waffen, um am Freiheitskampf gegen die napoleonische Fremdherrschaft teilzunehmen.
1815	Laut Beschluss des Wiener Kongresses gehört Usedom künftig zu Preußen.
1820	Beginn des ersten Badebetriebs in Swinemünde. Es folgt das Dörfchen Neukrug bei Heringsdorf.
1826/27	In Neukrug (Heringsdorf) lässt der Oberforstmeister von Bülow (Besitzer des Gutes Gothen) 1825 die erste Badeanstalt und einige Logierhäuser, drei Jahre später das erste »Gesellschaftshaus« erbauen. Preußenkönig Friedrich Wilhelm III. ist mit seinen Söhnen, darunter der spätere Kaiser Wilhelm I., zu Gast bei von Bülow. Bei einem Ausflug zu den Fischern, die am Strand gerade Heringe puhlen und einsalzen, gibt der Kronprinz der kleinen Ansiedlung unterhalb der Anhöhe Kulm den Namen Heringsdorf.
1828–45	Weitere Logierhäuser lässt von Bülow für seine privaten Gäste bauen. Eine der ältesten noch erhaltenen Bäderarchitekturvillen, die heutige Villa Achterkerke, wird 1845 auf dem Kulm gebaut.
1848	Einweihung der Heringsdorfer Kirche. Den Bauplatz stiftet Oberforstmeister von Bülow. Die Baupläne stammen vom Königlichen Hofbaurat Ludwig Persius, einem Schüler Karl Friedrich Schinkels.
1872	Der Berliner Bankier Hugo Delbrück erwirbt von den Erben von Bülows das Strandgelände und gründet die Aktiengesellschaft Seebad Heringsdorf. Zur Jahrhundertwende gilt Heringsdorf als internationales Luxusbad ersten Ranges.
1851–97	Auch Ahlbeck und Zinnowitz nehmen den Badebetrieb auf Usedom auf, 1858 folgen Koserow, 1887 Karlshagen, 1893 Ückeritz und 1897 Bansin.
1875	Bau von Kurhaus Wendicke's Hotel, des ersten Hotels in Ahlbeck. Heute heißt es Hotel Meereswelle.

1876	Mit der Eröffnung der Eisenbahnstrecke Berlin-Swinemünde wird auch die 360 Meter lange Fünfbogenbrücke bei Karnin eingeweiht. Die Fahrt von Berlin nach Usedom dauert nur noch knapp drei Stunden.
1883	Bau des eleganten Heringsdorfer Kurhauses Kaiserhof Atlantic. Es gilt lange Zeit als das vornehmste und größte Haus an der Ostsee mit Zentralheizung, Aufzug und Gourmetrestaurant. Es wird 1979 abgerissen. Heute befindet sich an seiner Stelle das Heringsdorfer Kurhotel. Bau der Villa Oppenheim, einer der schönsten Bäderarchitekturvillen in Heringsdorf.
1890	Der Ahlbecker Hof, das mondänste Haus in Ahlbeck, entsteht und beherbergt bis heute Prominente.
1898	Die Seebrücke von Ahlbeck wird fertiggestellt. Kaiser Wilhelm II. lässt seiner Mätresse, der Konsulin Steude, am Strand von Heringsdorf eine schlossartige Villa bauen. Dem Beispiel folgt u. a. Baron Bleichröder, der »Beherrscher« des Kurfürstendamms. Aus diesen Tagen stammt die Bezeichnung »Kaiserbäder«. Ende des 19. Jahrhunderts gilt Heringsdorf als internationales Luxusbad ersten Ranges.
1891	Taufe des 500 Meter langen Heringsdorfer Kaiser-Wilhelm-Seebrücke. An der Spitze des Seestegs befindet sich eine Aussichtsplattform mit Restaurant und einem zehn Meter hohen Sprungturm.
1901	Das Seebad Bansin trennt sich vom Dorf Bansin.
1914	Beginn des Ersten Weltkriegs. Der Badetourismus bricht ein.
1920–30	Die Urlauber kommen wieder und bringen Usedom und die Region wirtschaftlich in Schwung.
1933	Die größte Eisenbahnbrücke Europas über die Peene bei Karnin wird fertiggestellt. Die Kriegsvorbereitungen verwandeln Usedom in eine Festung. Die Mellenthiner Heide wird zum unterirdischen Munitionsdepot.
1936	In Peenemünde entsteht die Heeresversuchsanstalt und Luftwaffenversuchsstelle.
1942	Am 3. Oktober erfolgt der erste erfolgreiche Start einer A-4-Rakete (V2) vom Prüfstand VII.
1943	16./17. August: englischer Luftangriff auf Peenemünde.
1945	Die Bombardierung von Swinemünde am 12. März durch US-amerikanische Flugzeuge fordert rund 20 000 Opfer. Stadtkommandant Oberst Rudolf von Petershagen übergibt Greifswald kampflos an die Truppen der Roten Armee. Dadurch übersteht die bis dahin verschont gebliebene Stadt den Krieg fast völlig unbeschadet.
Mai 1945	Russische Truppen besetzen am 4./5. Mai auch Usedom. Swinemünde fällt auf Grundlage des Potsdamer Abkommens an Polen.
1946	Erste Urlauber besuchen wieder Ahlbeck und Zinnowitz.
1952	Entstehung der ersten landwirtschaftlichen Produktionsgenossenschaften (LPG), bis 1960 sind alle Bauern Usedoms trotz teilweise erheblichen Widerstands Mitglied einer LPG. Usedom wird zu einem Zentrum des Feriendienstes der DDR-Gewerkschaften.

Die 1909 eingeweihte »Vinetabrücke« von Zinnowitz wurde in den 1940er Jahren durch Eis zerstört und später abgerissen

1953	»Aktion Rose«: Die letzten verbliebenen privaten Inhaber von Hotels und Pensionen werden wegen angeblicher Wirtschaftsverbrechen enteignet.
1989	Nach der Wende sind viele Eigentumsverhältnisse ungeklärt und die Urlauber bleiben zunächst aus.
1990	Im Oktober wird Mecklenburg-Vorpommern Bundesland der Bundesrepublik Deutschland mit der Landeshauptstadt Schwerin.
Seit 1990	Größere Naturräume werden unter Schutz gestellt. Tourismus ist Wirtschaftsfaktor Nummer eins auf Usedom.
1993	Ahlbeck erhält eine neue 280 Meter lange Seebrücke.
1995	Die längste deutsche Seebrücke (508 m) wird in Heringsdorf übergeben.
1996	Die Insel Usedom ist nicht nur wieder die »Badewanne Berlins«, sondern Urlaubs- und Erholungsgebiet für Touristen aus ganz Deutschland und Europa.
1998	Die Seebrücke von Sellin wird eingeweiht.
2000	Die Kaiserbäder Usedoms werden erstmals mit der »Blauen Flagge« ausgezeichnet, die für ausgezeichnete Badewasserqualität, herausragendes Umweltengagement sowie gute Sanitär- und Sicherheitsstandards im Hafen- und Badestellenbereich steht.
2002–10	Weitere Badeorte erhalten die Blaue Flagge, insgesamt zehn Orte auf Usedom.
2004	Polen wird EU-Mitglied. Erstes Holzbildhauersymposium in Zinnowitz, das seither jährlich stattfindet.
2007	Erste Strandkorb-Sprint-Weltmeisterschaft in Heringsdorf, seither findet der Event jährlich Ende Januar statt.
2008	Die Usedomer Bäderbahn fährt ohne Grenzkontrollen bis ins polnische Swinemünde.
2011	Die längste Strandpromenade Europas wird eingeweiht, sie führt von Bansin ins polnische Swinemünde.
2012	Das ZDF sendet zur Fußball-EM live aus Heringsdorf.
2017–19	Bau der neuen Wolgaster Umgehungsstraße und Brücke über den Peenestrom. ■

Ein Rundgang durch die Universitätsstadt

Marktplatz – Pommersches Landesmuseum – Giebelhaus – St. Marien – Museumshafen – Anatomische Sammlung – Tierpark – Hauptgebäude der
Universität – Dom St. Nikolai – Caspar-David-Friedrich-Zentrum – Fischmarkt – Marktplatz.

Rund 30 Kilometer westlich der Insel Usedom liegt die 1248 erstmals
erwähnte Stadt Greifswald (56 500 Einwohner), eine Hansestadt am
Flüsschen Ryck, rund vier Kilometer von der Ostseebucht Dänische Wiek
entfernt. Bereits seit 1456 gibt es hier eine Universität, eine der ältesten
Mitteleuropas. 1604 entstand die erste Universitätsbibliothek Deutschlands. Rund 11 200 Studenten aus aller Welt geben dem Städtchen ein
internationales Flair.

Berühmtester Sohn der Stadt ist der 1784 geborene Maler Caspar
David Friedrich, der seine Heimatstadt in vielen Ansichten verewigte
und in aller Welt bekannt machte.

Einen guten Überblick verschafft ein Rundgang ausgehend vom wohl
schönsten **Marktplatz** ➡ aB3 der Region. Das aus dem 13. Jahrhundert
stammende gotisch-barocke Greifswalder **Rathaus** ➡ aB3 ist mit seinem
roten Anstrich nicht zu übersehen. Hier befindet sich auch die Tourist
Information. Hübsch anzusehen sind auch die beiden hanseatischen
Wohnspeicherhäuser ➡ aB3 am Markt 11 und 13 (Fritz Braugasthaus)
im Stil der Backsteingotik. Das weiße, klassizistische Gebäude an der
Ecke zur Mühlenstraße beherbergt das **Pommersche Landesmuseum**
➡ aB3 mit Gemäldegalerie, das nach Plänen von Johann Gottfried
Quistorp erbaut wurde, dem Zeichenlehrer von Caspar David Friedrich.
Hier hängen auch Werke des großen Künstlers, großartige Sonderaus-
stellungen haben das Museum überregional bekannt gemacht, und
die Geschichte Pommerns wird von der Urzeit bis zur Gegenwart mit
Mitteln moderner Museumspädagogik spannend präsentiert.

*Das klassizistische Hauptgebäude des Pommerschen Landesmuseums in
Greifswald*

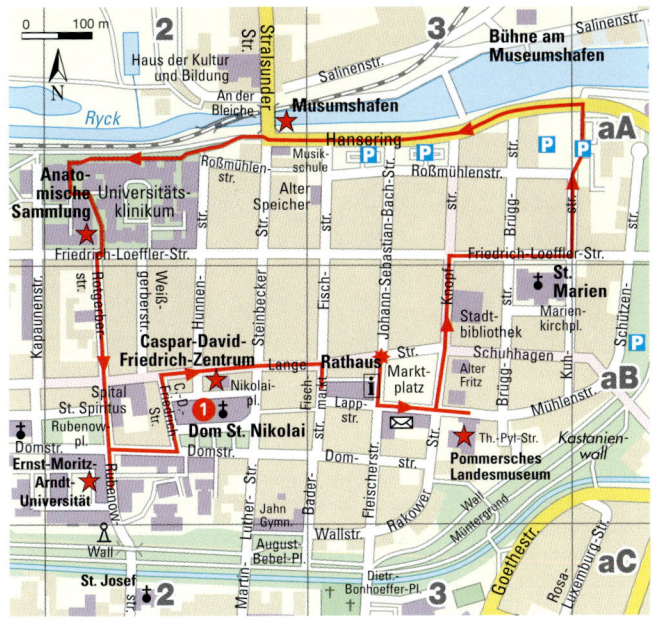

Am Markt geht es weiter nordwärts die Knopfstraße entlang. Rechterhand fällt ein besonders schönes **Giebelhaus** (Nr. 20) im Stil der flandrischen Spätrenaissance vom Ende des 16. Jahrhunderts mit barocken Stildetails im Giebel auf. Es beherbergt die Stadtbibliothek. Weiter führt der Weg bis zur Friedrich-Loeffler-Straße, dort rechts abbiegen und nun kommt die »dicke Marie« in Sicht, die Kirche **St. Marien** ➤ aB3. Sie wirkt mit ihrem vergleichsweise kurzen Turm mit viereinhalb Meter dicken Mauern und dem mächtigen Satteldach ziemlich wuchtig, daher haben die Greifswalder der ältesten Kirche der Stadt diesen Spitznamen verpasst. Mit dem Bau wurde vermutlich 1260 begonnen, die Fertigstellung war zwischen 1350 und 1400. Im Inneren dominieren backsteinerne Pfeiler und ein weißes Kreuzrippengewölbe. Highlight ist die wunderschöne Renaissance-Kanzel von 1587 mit ihrer reichen Schnitz- und Intarsienausstattung. In der Gedächtniskapelle östlich des Turms beeindrucken mittelalterliche Wandgemälde. Die mittelalterliche Gerichtshalle im Untergeschoss ist in Europa einmalig.

Von St. Marien ist es nicht mehr weit zum **Museumshafen** ➤ aA2/3. Man folgt der Kuhstraße bis zum Hansering. Diesen mit Vorsicht überqueren. Schon ist man am Ryck mit zahlreichen historischen Kuttern und Segelschiffen. Schilder erklären die Geschichte der einzelnen Boote, so kann man gemütlich am Ufer entlangschlendern. Wer Hunger verspürt, wechselt über die Brücke auf die andere Hafenseite. Hier gibt es auf mehreren Booten Gastronomie, wo man u. a. Fischbrötchen essen und in der Sonne sitzen kann. Nördlich davon fährt ein Fahrgastschiff mehrmals täglich zum idyllischen Dorf Wieck an der Ostsee.

Immer am Ryck entlang geht es Richtung Westen bis zum Institut für Anatomie und Zellbiologie der Universität. Dort lockt im Obergeschoss eine interessante **Anatomische Sammlung** ➤ aA2 u. a. mit Skeletten von Elefanten, Gorillas etc. Nur hundert Meter weiter befindet sich

Ein Herz, eingebettet auf einer weißen Rose: die Lutherrose an einem Bleiglasfenster im Dom St. Nikolai (Greifswald)

der **Tierpark** ➡ aA1 mit heimischen, aber auch exotischen Tieren, der vor allem für Kinder interessant ist. Immer am hübsch begrünten Wall entlang geht es weiter bis zur Domstraße, die zum 1747 errichteten **Hauptgebäude der Universität** ➡ aB2 führt. Interessant ist hier die restaurierte historische Aula sowie das Studentengefängnis.

Weiter über die Domstraße führt der Weg zum ❶ **Dom St. Nikolai** ➡ aB2 (Bj. ab 1263), dem Wahrzeichen der Stadt mit seinem fast hundert Meter hohen barocken Turm. Hier lohnt sich der anstrengende Aufstieg zur Aussichtsgalerie in 64 Meter Höhe (264 Stufen), um die Sicht weit bis nach Usedom und Rügen zu genießen. Der Dom fasziniert durch seine Größe und Schlichtheit, von der ursprünglichen Ausstattung sind eine Marienanbetungsszene Greifswalder Professoren erhalten. Restaurierungsarbeiten legten gotische Fresken frei. Hier wurde auch der Maler Caspar David Friedrich getauft.

Blick vom Marktplatz auf den Dom St. Nikolai, im Vordergrund das Rathaus

Vom Dom führt die Friedrichstraße zur Fußgängerzone Lange Straße mit zahlreichen Geschäften und dem **Caspar-David-Friedrich-Zentrum** ➡ aB2. Das Haus bewohnte die Familie Friedrich über mehrere Generationen, hier wurde der Maler 1774 geboren. In den oberen Etagen dokumentiert eine Ausstellung das Leben und künstlerische Schaffen Friedrichs.

Weiter Richtung Marktplatz passiert man den **Fischmarkt** ➡ aB3 mit interessantem Brunnen, der an die alte Funktion des Platzes erinnert. Hier kann man gut und günstig essen in der S*bar. Bis zum Ausgangspunkt, dem Greifswalder Marktplatz, sind es von hier, vorbei am Rathaus, nur noch 20 Meter.

Caspar David Friedrich

Als Sohn eines Lichtgießers und Seifensieders wurde Friedrich als sechstes von zehn Kindern am 5. September 1774 in Greifswald geboren, was damals zu Schweden gehörte. Er gilt als der bedeutendste Zeichner und Maler der deutschen Frühromantik. Ersten Zeichenunterricht erhielt er mit 16 Jahren beim Greifswalder Zeichen- und Universitätsbaumeister Johann Gottfried Quistorp. 1794 begann Friedrich ein Studium an der Königlich Dänischen Kunstakademie in Kopenhagen. Vier Jahre später (1798) zog er nach Dresden, einem Zentrum der

»Caspar David Friedrich in seinem Atelier« Gemälde von Georg Friedrich Kersting (1819, Alte Nationalgalerie, Berlin)

Künste. Von Dresden aus unternahm er immer wieder längere Reisen zu Fuß nach Neubrandenburg, Breesen, Greifswald und Rügen, wo zahlreiche seiner Werke entstanden. 1805 bekam er einen Preis der Weimarer Kunstfreunde verliehen, verfügt von Goethe. Damit begann sein künstlerischer Erfolg, der ihn trotz Depressionen und Schaffenskrisen international bekannt machte. 1810 wurden die beiden Gemälde »Mönch am Meer« und »Abtei im Eichwald« auf Veranlassung des 15-jährigen Kronprinzen Friedrich Wilhelm von Preußen durch den Preußischen König erworben. Angesichts dieser Reputation wählte die Berliner Akademie den Maler 1810 zu ihrem Mitglied. Dass die Klosterruine von Eldena bei Greifswald nicht gänzlich verfallen ist, ist Friedrich zu verdanken. Durch seine Zeichnungen machte er auf die Ruine aufmerksam und bewirkte somit ihre Sicherung 1828. Sein berühmtestes Werk »Kreidefelsen auf Rügen« schuf er 1818 während seiner Hochzeitsreise mit Caterine Brommer. Friedrich starb am 7. Mai 1840 in Dresden. Er hinterließ zwei Kinder.

Service-Informationen Greifswald

ℹ️ Tourist Information ➡ aB3
Rathaus am Markt
17489 Greifswald
☎ (038 34) 85 36 13 80
www.greifswald.info
Mai–Okt. Mo–Fr 9–18, Sa 10–14, Juli/Aug. auch So 10–14, Nov.–Feb. Mo–Fr 9–17, März–April 9–18 Uhr

🚲 UsedomRad ➡ aB3
Markt, Greifswald
☎ (030) 55 57 69 11 (Hotline)
www.usedomrad.de
€ 3/Std., € 9/Tag
Über die Kundenhotline kann man eines der Räder buchen, die

am Marktplatz bereitstehen. Es gibt bei Bedarf auch Kindersitze und -anhänger. Die Räder werden telefonisch, nach vorheriger Online-Registrierung, freigeschaltet. Die Rückgabe ist an allen UsedomRad-Stationen möglich.

🏛 Anatomische Sammlung
➡ aA2
Institut für Anatomie und Zellbiologie, Friedrich-Loeffler-Str. 23 C Greifswald
☎ (038 34) 86 53 08
www.medizin.uni-greifswald.de/anatomie/institut
Besichtigung nach tel. Anmel-

13

dung, Eintritt frei
Bis ins Jahr 1750 reicht die Gründung dieser interessanten Sammlung mit 2500 Objekten zurück, die aus einer Vielzahl von Menschenskeletten und Präparaten sowie einer zoologischen Sammlung u. a. mit Gorilla-Schädeln sowie Wal-, Elefanten- und Kamel-Skeletten besteht.

🏛 Caspar-David-Friedrich-Zentrum ➡ aB2
Lange Str. 57, Greifswald
✆ (038 34) 88 45 68, www.caspar-david-friedrich-gesellschaft.de
Juni–Okt. tägl. außer Mo 11–17, Nov.–Mai Di–Sa 11–17 Uhr
Eintritt € 3,50/2,50
Eine interessante Ausstellung in seinem Geburtshaus dokumentiert das Leben und Schaffen des berühmten Malers. Mit historischer Seifensiederei im Untergeschoss, wie sie früher von seinem Vater Adolf Gottlieb Friedrich betrieben wurde. Besucher können selbst Seifen und Kerzen gießen.

🏛 🛠 Museumshafen und -werft ➡ aA2–4
Salinenstr. 20, Greifswald
www.museumswerft-greifswald.de, Eintritt frei
Maritime Geschichte im Greifswalder Hafen: Jede Menge historischer Segelschiffe und Kutter sowie zwei Bootsbauhallen mit Holzbearbeitungsmaschinen, wo

repariert, aber auch neu gebaut wird. Ein Verein kümmert sich um das Gelände und die Selbsthilfewerkstatt. Immer wieder finden auf der Werft auch Tango- oder Kinoabende statt.

🏛 Pommersches Landesmuseum ➡ aB3
Rakower Str. 9, Greifswald
✆ (038 34) 831 20
www.pommersches-landesmuseum.de, tägl. außer Mo Mai–Okt. 10–18, Nov.–April 10–17 Uhr
Eintritt € 5/3, Familien € 15, Kombikarte (mit Caspar-David-Friedrich-Zentrum) € 7/4
Die Geschichte Pommerns von der Urzeit bis zur Gegenwart wird hier modern und abwechslungsreich dokumentiert. In der Gemäldegalerie werden 200 Werke international herausragender Meister gezeigt, u. a. Philipp Otto Runge, Vincent van Gogh und Max Liebermann sowie sieben Werke von Caspar David Friedrich.

👁 🖼 ❶ Dom St. Nikolai ➡ aB2
Domstr. 54, Greifswald
✆ (038 34) 26 27
www.dom-greifswald.de
Mo–Sa 10–16, So 11.30–15 Uhr
Eintritt frei, Turmbesteigung € 1,50/1
Die erstmals 1263 erwähnte Nikolaikirche ist noch heute ein Wahrzeichen von Greifswald. Vom Turm hat man einen schönen Blick auf die Stadt.

Klosterruine Eldena: Vor allem im Dämmerlicht wirkt sie noch immer so romantisch, wie Caspar David Friedrich sie mehrfach malte

Idyllisches Ausflugsziel: das zu Greifswald gehörende Dorf Wieck, im Hintergrund das Wahrzeichen, die Wiecker Klappbrücke, die über den Fluss Ryck führt

Klosterruine Eldena
➡ südl. aC3
Am Greifswalder Bodden
Ganzjährig geöffnet und frei zugänglich, Anmeldungen für Führungen über die Tourist Information Greifswald
Die Gründung des Zisterzienserklosters geht auf das Jahr 1199 zurück, es wurde im 17. Jh. während des Dreißigjährigen Krieges stark beschädigt und verfiel im Laufe der schwedischen Besatzung (1648–1815). Nur Teile des Kirchenschiffes und der Konventsgebäude sind erhalten geblieben.

Als eines der Lieblingsmotive von Caspar David Friedrich wurde die Ruine im 19. Jh. international bekannt, ein Park nach Plänen von Peter Joseph Lenné wurde angelegt.

Vor allem im Dämmerlicht wird in der Anlage die Stimmung spürbar, die der Maler in seinen Werken festgehalten hat. Regelmäßig finden Kulturveranstaltungen statt, etwa die **Jazz Evenings** am ersten Wochenende im Juli.

Segelschulschiff »Greif«
➡ östl. aA4
Yachtweg/Südmole
Greifswald-Wieck
℅ (038 34) 84 14 24
www.sssgreif.de
Die aus Stahl gebaute Schonerbrigg (Bj. 1951) mit drei Masten geht regelmäßig auf Tour und lädt zu ein- oder mehrtägigen Törns ein. Bis 1991 hieß das Schiff »Wilhelm Pieck«, da es zum 75. Geburtstag des damaligen DDR-Präsidenten in Dienst gestellt wurde. Vor allem Studenten der Universität Greifswald nutzen das Schiff. Tipp: Für nur € 25 kann man an Bord im Hafen von Wieck, 4 km von Greifswald entfernt, übernachten.

Universität Greifswald mit Aula und Studentengefängnis
➡ aB2
Domstr. 11, Greifswald
℅ (038 34) 86 30 60, www.kultur kalender.greifswald.de
Führung April–Okt. tägl. 15 Uhr ab Rubenowdenkmal
Ticket € 5/3,50
Der barocke Festsaal und das Studentengefängnis (Karzer) sind Stationen der einstündigen Führung, die die Geschichte der zweitältesten Universität (1456 gegründet) des gesamten Ostseeraums näherbringt.

Wieck ➡ östl. aA4
Das kleine Dorf (472 Einwohner) an der Ostseebucht Dänische Wiek ist mit seinen reetgedeckten Häusern und Fischerbooten ein idyllisches Ausflugsziel. Hier kann man in verschiedenen Lokalen und Imbissen frischen Fisch genießen, auch ein Strand (kos-

tenpflichtig im Sommer) lockt Besucher an.

Das **Segelschulschiff »Greif«** liegt hier im Hafen, wenn es nicht gerade unterwegs ist. Besonders ist die **Holländer-Holzklappbrücke** (Bj. 1887), die beide Teile des Hafendorfs miteinander verbindet.

Von Greifswald kann man mit dem Fahrrad oder dem Ausflugsdampfer MS »Stubnitz« entlang des Flusses Ryck die 4 km bis Wieck fahren. Auch der Bus 2 fährt halbstündig ins Dorf.

🐾🚻🍴 Tierpark ➡ aA1

Anlagen 3, Greifswald
☎ (038 34) 86 30 60
www.tierpark-greifswald.de
April, Okt. 9–17, Mai–Sept. 9–18, Nov.–März 10–16 Uhr
Eintritt € 5/3, Kinder ab 3 J. € 2,50
Über 100 Tierarten bietet die 3,6 ha große Anlage nahe der Altstadt. Ein Rundgang führt vorbei an Störchen, Eseln, Waschbären, Eulen, aber auch an Äffchen und Nasenbären. Die Karpfen im Teich dürfen gefüttert werden. Mit Café und Spielplatz.

🎭🎪 Theater Vorpommern
➡ aC4

Anklamer Str. 106, Greifswald
☎ (038 34) 572 20
www.theater-vorpommern.de
Ambitionierte Bühne mit Spielorten in Greifswald, Stralsund und Putbus auf Rügen. Auch mit gutem Kinderprogramm.

Farbenfrohe Häuser am Yachthafen von Greifswald gegenüber der Altstadt

☒ Büttner's ➡ östl. aA4

Am Hafen 1 A, Greifswald-Wieck
☎ (038 34) 887 07 37
www.buettners-restaurant.de
Di–Do ab 17, Fr–So ab 12 Uhr
Gourmetküche mit gebratenen Riesengarnelen, geschmorter Kalbsbacke und Pfifferlingsrisotto. Schöner Blick auf den Hafen von Wieck. €€€

☒ Fischer-Hütte ➡ östl. aA4

An der Mühle 12
Greifswald-Wieck
☎ (038 34) 83 96 54
www.fischer-huette.de
Tägl. 11.30–23 Uhr
Traditionelle Fischküche mit Niveau in urigem Landhaus-Ambiente in Wieck. €€–€€€

☒🍷 Theatercafé ➡ aC4

Anklamer Str. 108, Greifswald
☎ 0171-848 91 55
www.theatercafe-greifswald.de
Mo–Sa 17–23, So/Fei 11–23 Uhr
Sehr beliebtes Lokal mit großer Weinauswahl und modernem Design. €€–€€€

☒ Tischlerei ➡ aA3

Salinenstr. 22, Greifswald
☎ (038 34) 88 48 48
www.marina-yachtzentrum.de
Tägl. außer So 12–22 Uhr
Auf der Westseite des Museumshafens offeriert Chefkoch Tom Heinrich saisonale Küche an langen Tischen. Im Winter knistert ein Feuer im Kamin. €€–€€€

☒🛏 Restaurant & Hotel Olive
➡ aB3

Domstr. 40, Greifswald
☎ (038 34) 79 91 43
www.olive-greifswald.de
Tägl. außer So 17–22.30 Uhr
Mediterrane Küche in der Altstadt. Mit Sommergarten. €–€€€

☒🍺 Fritz Braugasthaus ➡ aB3

Markt 13, Greifswald
☎ (038 34) 578 30
www.fritz-braugasthaus.de

Der vielleicht schönste Marktplatz der Region (Greifswald)

Tägl. ab 11 Uhr
Im historischen Kaufmannshaus kann man nicht nur ein Bierchen zischen, sondern auch Küche mit regionalen Zutaten (Biofleisch), u. a. Grillgerichte und Pommerschen Pannfisch, genießen. €–€€

🍴🍷🎨 **Poro** ➜ aB3
Rakowerstr. 11
Greifswald
✆ (038 34) 871 69 02
www.poro-greifswald.com
Mo–Do 11–1, Fr/Sa 11–2, So 10–16 Uhr, Küche 14.30–17 Uhr geschl. Steaks, Pasta und Salate sowie täglich wechselnder Mittagstisch, außerdem Brunch am Sonntag. Mit Cocktailbar und Kinderspielecke. Direkt neben dem Pommerschen Landesmuseum. €–€€

🍴☕ **Brasserie Hermann** ➜ aC3
Gützkower Str. 1, Greifswald
✆ (038 34) 52 75 21
www.brasseriehermann.de
Mo–Fr 11.30–23, Sa 11.30–23.45, So 10–23.45 Uhr
Nettes Lokal mit günstigen Lunchgerichten am Stadtwall. Sonntags gibt es Brunch. €

🍴🍷 **Hornfischbar auf der Pomeria** ➜ aA2
An den Ryckbrücken
Greifswald
✆ 0171-172 24 00
www.hornfischbar.de
Tägl. ab 12, Nov.–April ab 18 Uhr
Guten Fisch essen auf einem alten Dampfeisbrecher im Museumshafen. Lecker: Lauterbacher Fischeintopf oder der schiffsgebackene Kuchen. €

☕🍨 **Café und Konditorei Marimar** ➜ aB3
Am Markt 11
Greifswald
✆ (038 34) 8984 20
Tägl. 10–18 Uhr
Guter Kuchen, selbst gemachtes Eis und beste Aussicht auf den Marktplatz vom Fenster im Obergeschoss.

🚢 **MS »Stubnitz«** ➜ aA2/3
Museumshafen
Greifswald
✆ 0171-851 07 86
www.sbr-stralsund.de.tl
Tägl. außer Mo, Fahrzeiten siehe Website
Fahrt nach Wieck € 4
Der über 100 Jahre alte Dampfer tuckert gemütlich auf dem Ryck bis nach Wieck und weiter über die Ostsee bis nach Ludwigsburg am Bodden. Fahrräder können mitgenommen werden. ■

Reiseregionen, Orte und Sehenswürdigkeiten

Die Tore zur Insel

Anklam → E2

Die Hansestadt mit heute rund 12 800 Einwohnern nennt sich auch Lilienthal-Stadt, da der Flugpionier Otto Lilienthal hier geboren wurde. Zu 70 Prozent im Zweiten Weltkrieg zerstört, ist von der Historie des 1243 gegründeten Ortes nicht mehr allzu viel zu sehen und zu spüren. Die **St. Marienkirche** und das **Steintor** stammen noch aus dem 13. Jh. und gelten als Wahrzeichen der Hansestadt.

Vor der Wende hatte Anklam fast doppelt so viele Einwohner wie heute, der Stadtteil Südstadt mit Plattenbauten zeugt noch davon. Die DDR-Gebäude am Markt wurden bis 2014 abgerissen und durch Neubauten, die sich an der historischen Bebauung orientieren, ersetzt.

Am Fluss Peene gelegen, der als Peenestrom sieben Kilometer entfernt Usedom vom Festland trennt, fuhren bis vor Kurzem viele Urlauber auf dem Weg zu den Ostseebädern durch Anklam. Eine neue Ortsumgehung sorgt seit 2015 wieder für Ruhe im Ortskern. In Planung ist ein neuer maritimer Erlebnispark am Ufer der Peene, der 2018 eröffnet werden soll.

ℹ **Tourist Information** → E2
Markt 3, 17389 Anklam
✆ (039 71) 83 51 54
www.anklam.de
Mitte Mai–Mitte Sept. Mo–Fr 9–18, Sa 9–12, Mitte Sept.–Mitte Mai Mo–Fr 9–16.30 Uhr

🏛🐾🌳 **Aeronauticum** → E2
Flugplatz, Anklam
✆ (039 71) 24 55 00
www.lilienthal-museum.de
Frei zugänglich
Eintritt frei
Das Außengelände auf dem Flugplatz von Anklam lädt ein, auf einem Natur- und Technik-lehrpfad Interessantes rund ums

Die Ausstellung »Menschenflug« des Otto-Lilienthal-Museums zeigt u. a. mehr als zehn Flugzeugentwicklungen in Rekonstruktion

Otto Lilienthal

Er wollte fliegen wie ein Vogel und versuchte es immer und immer wieder: Kein anderer hat im 19. Jahrhundert so viel für die Entwicklung der Luftfahrt getan wie Otto Lilienthal, wenngleich die ersten Streckenflüge dank eines Motors erst ein Jahrzehnt nach seinem Tod erstmals erfolgreich durch die Gebrüder Wright unternommen wurden. 1848 in Anklam geboren, verbringt Lilienthal dort bis 1864 seine Schulzeit und besucht danach die Provinzial-Gewerbeschule in Potsdam. Kurze Zeit später beginnen erste Menschenflug-Experimente. Lilienthal untersucht die Luftkräfte und Windeigenschaften und arbeitet als Konstruktionsingenieur. Er gründet eine eigene Maschinenbaufabrik für Dampfkessel und -maschinen und beginnt mit Sprungübungen und ersten Flügen über 25 Meter. In Berlin-Lichterfelde errichtet er 1893 eine Flugstation und schafft es, mit Gleitseglern bis 250 Meter weit zu fliegen. Er baut immer neue Flugapparaturen, zuletzt auch motorisiert, und gewinnt international an Bedeutung. 1896 stirbt er in Berlin nach dem Absturz mit einem sogenannten Normalsegelapparat.

Fliegen zu entdecken. Spielplatz mit Holzflugzeug und anderen Fluggeräten.

🏛 📷 📱 Museum im Steintor
➡ E2
Schulstr. 1, Anklam
✆ (039 71) 24 55 03
www.museum-im-steintor.de
Mai–Sept. Di–Fr 10–17, Sa/So 13–17, Okt.–April Mi–Fr 11–15.30, So 13–15.30 Uhr
Eintritt € 2,50/1,50, bis 6 J. frei
Im 32 m hohen Stadttor aus dem 13. Jh. lässt sich allerhand über die Geschichte der Region erfahren, etwa über die Slawen und Wikinger an der Peene, die Hanse und die mittelalterliche Gerichtsbarkeit. Ein Münzschatz aus dem 17. Jh. wird ebenfalls gezeigt. Tolle Aussicht auf das Peenetal.

🏛 ✈ Otto-Lilienthal-Museum
➡ E2
Ellbogenstr. 1, Anklam
✆ (039 71) 24 55 80
www.lilienthal-museum.de
Juni–Sept. tägl. 10–17, Okt., Mai Di–Fr 10–17, Sa/So 13–17, Nov.–April Mi–Fr 11–15.30, So 13–15.30 Uhr

Eintritt € 3,50/2,50
Eine beeindruckende Sammlung von rekonstruierten Flugapparaten, wie sie Lilienthal entworfen und gebaut hatte, lockt zahlreiche Besucher an. Auch die Geschichte und Physik des Fliegens sowie die Lebensgeschichte des Flugpioniers sind Themen in diesem Museum.

Das Wahrzeichen Anklams: das Steintor

⊙ 📷 Nikolaikirche ➡ E2
Nikolaikirchstr. 7, Anklam
Juni–Anfang Okt. tägl. 10–17 Uhr
Im Zweiten Weltkrieg bis auf die Grundmauern niedergebrannt, wird die Kirche seit 1994 wieder aufgebaut und als Ausstellungs- und Veranstaltungszentrum genutzt. Vom Turm hat man einen schönen Ausblick über die Stadt.

⊙ 🎵 St. Marienkirche ➡ E2
Marienkirchplatz 1, Anklam
Um 1250–96 erbaut, hat das Gebäude viele Kriege und Wirren überstanden. Etliche Teile der Innenausstattung gingen während des Zweiten Weltkriegs verloren, das gotische Taufbecken aus gotländischem Kalkstein stammt aus der Zeit um 1330. Im Turm läutet neben fünf neuen Glocken aus dem Jahr 2014 die größte erhaltene mittelalterliche Glocke in Mecklenburg-Vorpommern aus dem Jahr 1450. Sie wiegt 4,5 t! Häufig Konzerte.

✕ Pommernland ➡ E2
Friedländer Str. 20 C, Anklam
✆ (039 71) 291 80
www.restaurant-veermaster.de
Mo–Fr 17.30–22 Uhr, Sa/So geschl.
Am Stadtrand kann man regionale Küche mit Zutaten der Saison genießen. Schöne Terrasse. €–€€€

✕ Zum Klosterbruder ➡ E2
Baustr. 7, Anklam
✆ (039 71) 83 24 57
www.klosterbruder-anklam.de
Tägl. 11–14 und 17–21.30 Uhr
Die gutbürgerliche Küche aus frischen Zutaten der Region, etwa Zander mit Fenchel und Nusskartoffeln, lockt nicht nur Anklamer an. Täglich wechselnder Mittagstisch. €

Ausflugsziel:

⊙ Stolpe ➡ E1
Hübsches Dorf an der Peene mit dem ältesten Gasthof der Region,

Das aufwendig restaurierte Gutshaus Stolpe bietet feinste Küche im Gourmetrestaurant

dem **Stolper Fährkrug**. Eine Ruine zeugt vom einstigen Kloster, von dem die Christianisierung Vorpommerns ausging. Eine handbetriebene Fähre führt ans andere Ufer der Peene, in der man hier auch schwimmen kann.

✕ ▼ 🛏 Gutshaus Stolpe ➡ E1
Peenestr. 33, 17391 Stolpe
✆ (03 97 21) 55 00
www.gutshaus-stolpe.de
Di–Sa ab 18.30 Uhr
Mit einem Michelin-Stern ausgezeichnetes Gourmet-Restaurant in herrschaftlicher Atmosphäre eines aufwendig restaurierten Gutshofs mit Hotelbetrieb, Weinkeller und Bar. €€€

✕ ▭ Stolper Fährkrug ➡ E1
Peenestr. 28, Stolpe
✆ (03 97 21) 552 22 25
www.gutshaus-stolpe.de
Tägl. ab 11.30 Uhr, Okt.–Mai Di geschl.
300 Jahre alter Gasthof mit idyllischem Biergarten an der Peene. Hausmannskost, Flammkuchen und Pasta mit Niveau. Auch gut für Kaffee und Kuchen. €–€€

Wolgast ➡ B3
Mit seiner historisch gewachsenen Bebauung, dem Hafen und der Nähe zu den Ostseebädern Karlshagen, Trassenheide und Zinnowitz zieht die Hansestadt Wolgast (12 350 Einwohner) im Sommer viele Urlauber für einen

Tagesausflug an. Regelmäßig stauen sich in der Innenstadt im Sommer auch die Autos der Touristen auf dem Weg zur Insel Usedom. Eine neue Umgehungsstraße mit Brücke nach Usedom ist geplant und soll 2019 fertig sein.

Bis dahin wälzt sich der Verkehr über die wuchtige **Klappwaagenbrücke** »Blaues Wunder« (1996). Wenn sie hochgeklappt die Schiffe auf dem Peenestrom passieren lässt, ist das ein beeindruckendes Schauspiel. Ihre Vorgängerin (Bj. 1934) sah ähnlich aus und wurde wegen Baufälligkeit durch die neue Brücke ersetzt.

Ältestes Gebäude in Wolgast ist die **St. Petrikirche**, an deren Stelle bis 1128 ein Tempel der Ranen (Slawen) stand. Stadtrecht erhielt die ehemalige Hauptstadt Pommerns um 1250. Ihre Blütezeit erfuhr die Stadt im 19. Jahrhundert als Handelsstadt mit großer Flotte. Den Zweiten Weltkrieg überstand Wolgast ohne größere Schäden. Seit der Wende wurden viele Altbauten, etwa das **Rathaus** (Bj. 1718–24), hübsch restauriert.

Auch das **Stadtmuseum »Kaffeemühle«** in einem ehemaligen Getreidespeicher aus dem 17. Jahrhundert ist ein Kleinod, nicht nur was die Architektur betrifft.

Tourist Information ➡ B3
Rathausplatz 10, 17438 Wolgast
✆ (038 36) 60 01 18
www.stadt-wolgast.de
Juni–Aug. Mo–Fr 9–18, Sa 10–14, Juli/Aug. auch So 10–14, Sept.– Mai Mo–Fr 9–17, Sept., Mai auch Sa 10–14 Uhr
Verkauf von Souvenirs, Rad- und Wanderkarten.

Stadtmuseum »Kaffeemühle«
➡ B3
Schulstr. 1, Anklam
✆ (038 36) 24 55 03
www.museum.wolgast.de
Di–Fr 11–18, Sa/So 11–16 Uhr
Eintritt € 3/1, bis 6 J. frei
Wegen seines Aussehens wird das älteste Gebäude (17. Jh.) der Stadt Kaffeemühle genannt. Hier erfahren Besucher Interessantes über die Geschichte der Region bis zur Gegenwart sowie über das Handwerk zu früherer Zeit mit Friseurzimmer, Schusterstube, Druckerei, Apotheke und Knüpfstube. Die Zeit der Slawen in der Region ist Thema im sogenannten Tonnenkeller aus dem 15. Jh.

Auch ein Modell des ehemaligen Herzogschlosses, das einst auf der heute noch so heißenden Schlossinsel im Peenestrom prunkte und im 18. Jh. zerstört wurde, ist ausgestellt.

Das historische Rathaus von Wolgast

🏛 **Rungehaus** ➡ B3
Kronwiekstr. 45, Wolgast
✆ (038 36) 24 55 03
www.museum.wolgast.de
Di–Fr 11–18, Sa/So 11–16 Uhr
Eintritt € 3/1, bis 6 J. frei
Geburtshaus des Malers Philipp
Otto Runge (1777–1810), eine
kleine Ausstellung dokumentiert
das Leben und Wirken des Künst-
lers der Frühromantik, der u. a. als
Wegbereiter des Jugendstils gilt.

⚫ **Eisenbahndampffährschiff**
➡ B3
Peeneufer, Wolgast
✆ (038 36) 24 55 03
www.museum.wolgast.de
Juni–Aug. Di–Fr 11–18, Sa/So
11–16 Uhr, sonst nach Absprache
Eintritt € 2/1, bis 6 J. frei
Die historische Fähre mit Dampf-
maschine, die einst Zügen mit bis
zu drei Waggons über die Peene
half und später als Eisbrecher arbeitete, ist nicht nur für Technik-
begeisterte interessant.

👁 🐾 🎵 **St. Petrikirche** ➡ B3
Kirchplatz 7, Wolgast
✆ (038 36) 20 22 69
www.kirche-wolgast.de
Als Mittelpunkt der Stadt gehört
das 1280–1350 erbaute Gotteshaus zu den wichtigsten Zeugnis-
sen der Backsteingotik im Ostseeraum. Besonders der Bilderzyklus
»Wolgaster Totentanz« zieht in
der Kirche die Blicke auf sich,
ebenso die Sarkophage der Pommernherzöge. Toller Ausblick vom
56 m (184 Stufen) hohen Turm.
Von Juli bis September zieht die
Konzertreihe **Wolgaster Sommer-
musiken** Besucher an, im Oktober
das **Kerzenschein-Konzert** in der
Südkapelle. Spielstätte des Usedomer Musikfestivals.

🐾 🐌 ❌ **Tierpark** ➡ B3
Am Tierpark 1–2
Wolgast
www.tierparkwolgast.de
✆ (038 36) 20 37 13
Mai–Okt. 9–18, Nov.–April 10–
16 Uhr, Eintritt € 6/4,50, 3–6 J.
€ 2,50, Familien € 16
Rund 300 Tiere und 40 Arten lassen sich in diesem Waldtierpark
beobachten. Bären, Makis und
viele heimische Tiere, dazu ein
Streichelgehege, Spielplätze und
Scooterbahn für die Kleinen sorgen für erlebnisreiche Stunden.
Mit einem Bistro.

❌ 🛏 **Der Speicher** ➡ B3
Hafenstr. 22 (Schlossinsel)
Wolgast
✆ (038 36) 23 18 91

*Der Speicher auf der Wolgaster Schlossinsel bietet Unterkunft, Restaurant
und eine maritime Ausstellung*

Tägl. ab 11.30 Uhr
Spezialitäten aus der Region und
internationale Küche in maritim
gestaltetem Ambiente. €–€€

✕ 🏨 Fischer Klaus ➡ B3
Hafenstr. 5–7 (Schlossinsel)
Wolgast
✆ (038 36) 23 42 72
Tägl. ab 11.30 Uhr
Bestens schmeckt der Pommersche Fischtopf, aber auch die anderen 49 Fischgerichte kommen
gut an. Maritime Einrichtung. €

🧍🚲 Kutschfahrten ➡ B3
Kurze Str. 4, Wolgast
www.kutschieren.de
✆ (038 36) 60 01 36
€ 50/Std.
Vier Personen haben Platz in
der Ausflugskutsche bei einer
Tour ins Grüne, nach Freest oder
Krummin.

🚢 📷 Wolgaster Personen-
schifffahrt ➡ B3
Peeneufer, Wolgast
✆ 0170-520 63 90
www.angeln-usedom.de
Hafenrundfahrt (1 Std.) € 7/4,
Familien € 19, Achterwasser-
und Peenestromfahrt (2 Std.)
€ 12,50/6,50, Familien € 33
Hafenrundfahrten, Peenestrom-
touren nach Peenemünde und
Fahrten auf dem Achterwasser
bis zur Usedomer Halbinsel Gnitz
mit dem Ausflugsdampfer »Der
Stralsunder«. Mit Durchfahrt des
»Blauen Wunders«, der imposanten Wolgaster Klappwaagenbrücke.

🎵 Wolgaster Sommermusiken
➡ B3
Kirchplatz 7, Wolgast
www.kirche-wolgast.de
✆ (038 36) 20 22 69
Juli/Aug.
Eintritt € 8–34, bis 14 J. frei
Orgel-, Chor- und Blues- sowie
Klassikkonzerte in der St. Petri-
kirche.

»Square Babel« von Tomasz Do-
manski im Skulpturenpark Katzow

Ausflugsziele:

👁 🖼 Skulpturenpark Katzow
➡ B2
Katzow
www.skulpturenpark-katzow.eu
Rund um die Uhr geöffnet
Eintritt frei
Der Skulpturenpark auf einem immer zugänglichen, 18 ha großen
Freigelände bei Katzow entstand
1991. Künstler aller Kontinente
schufen die über 40 hier ausge-
stellten Skulpturen während der
Workshops, die alljährlich im
Sommer stattfinden.
   Auch die sehr schön ausgebaute Katzower Kunstscheune mit
600 m² Fläche und vier Gästezim-
mern lockt mit interessantem Kul-
turprogramm und Ausstellungen.

🏨 📧 Höfeladen Esslust ➡ E3
Libnow 7 A, Libnow
5 km hinter Anklam an der B 110
nach Usedom
✆ (039 71) 25 89 64
www.hoefeladen-esslust.de
April–Okt. Mo–Fr 9–18, Sa 10–18,
Nov.–März Mo–Fr 10–17, Sa 10–
14 Uhr
Biogemüse, frisches Holzofenbrot
und allerlei Selbstgemachtes wird
in einer Scheune zwischen Anklam
und Usedom verkauft. Mit kleinem
Café, wo man nicht nur leckeren
Kuchen, sondern auch Suppe und
belegte Brote essen kann.

Usedoms Norden

Die Reihenfolge der Vista Points entspricht dem Uferverlauf von Nord nach Süd.

Die Inselbäder Karlshagen, Trassenheide und Zinnowitz zeigen im Gegensatz zu den Kaiserbädern eine etwas ruhigere, beschaulichere Facette der »Pommerschen Riviera«. Sie liegen an der nördlichen Küstenlinie und weisen ausschließlich feinsandigen Strand auf, der meist in eine flache Uferzone übergeht.

Einsamkeit und unberührte Natur findet man in und um die Bäder ebenso wie pralles Strandleben und kulturelle Highlights wie die Vineta-Festspiele und das Theater Blechbüchse in Zinnowitz. Beliebt waren die Orte zu allen Zeiten und sie sind es auch noch heute, nicht nur als Badewanne Berlins.

Zum Norden der Insel gehören aber auch das ehemalige militärische Sperrgebiet am und um den Peenemünder Haken, das heute unter Naturschutz steht, und Peenemünde selbst, das zum Versuchsgelände für die geheime Raketenforschung der Wehrmacht auserkoren wurde.

Peenemünde ➡ A3

Bekannt geworden ist das heute 500 Einwohner zählende Örtchen vor allem durch seine Waffenforschungsschmiede im Nationalsozialismus. Rund 15 000 Angestellte arbeiteten 1936–45 in der Heeresversuchsanstalt daran, Waffensysteme der Zukunft zu entwickeln. Die weltweit erste Flüssigkeitsgroßrakete, genannt A4, wurde hier erstmals gebaut und ab 1942 in Serie hergestellt.

Mithilfe dieser Waffe, die später in V2 umbenannt wurde, richteten die Deutschen verheerende Schäden an u. a. in Lüttich, Antwerpen und London. Die Rakete flog mit mehr als 5000 Stundenkilometern in 90 Kilometern Flughöhe und hatte eine Reichweite von 400 Kilometern. Von Deutschland nach London brauchte sie nur 320 Sekunden.

Bis April 1945 wurden von Holland aus über 3000 Raketen mit Zielen in England, Belgien und Frankreich gezündet. Da sie wegen ihrer hohen Geschwindigkeit nicht auf den Radarbildschirmen zu orten war, kamen die Angriffe überraschend. Insgesamt starben durch die V2-Raketen etwa 8000 bis 12 000 Menschen. Zudem ka-

Das Freigelände des Historisch-Technischen Museums in Peenemünde, links das Modell einer A4-Rakete

men viele Häftlinge beim Bau der Raketen um, da sie unter schlimmsten Bedingungen arbeiten mussten.

In der Nacht vom 17. auf den 18. August 1943 griffen 596 englische Bomber die Heeresversuchsanstalt Peenemünde an. Die meisten Bomben fielen jedoch auf die Lager der Kriegsgefangenen und Zwangsarbeiter. Mehr als tausend Menschen kamen ums Leben. Wegen der Luftangriffe wurde die Raketenproduktion 1943 von Peenemünde in einen Bergstollen bei Nordhausen im Harz verlegt.

Heute dokumentiert das Historisch-Technische Museum auf 5000 Quadratmetern die Geschichte des Ortes.

🏛 ❷ Historisch-Technisches Museum Peenemünde ➜ A3

Im Kraftwerk
17449 Peenemünde
Anfahrt über die B 111 oder mit der Usedomer Bäderbahn
℡ (03 83 71) 50 50
www.peenemuende.de
Tägl. April–Sept. 10–18, Okt.–März 10–16 Uhr, Nov.–März Mo geschl. Eintritt € 8/5, Familien € 20

Die einstige Luftwaffenversuchsstelle Peenemünde (1936–45) erlangte durch die von Wernher von Braun entwickelte A4-Rakete, die Goebbels zynisch »Vergeltungswaffe 2« (V2) nannte, traurige Berühmtheit. Das heutige Museum beleuchtet die Rolle Peenemündes bei der Entwicklung der Raumfahrt mit all ihren Facetten. 2012 eröffnete im Kesselhaus des Kraftwerks ein neuer Ausstellungskomplex. Auf dem Freigelände stehen u. a. das Modell einer A4- (V2-)Rakete und ein Triebwagen. Ein Rundweg über das 25 km² große Gelände der ehemaligen Versuchsanstalt dokumentiert an 20 Stationen die Historie.

🏛 Maritim Museum ➜ A3

Haupthafen, Peenemünde
℡ (03 83 71) 890 54
www.u-461.de
April–Juni 10–18, Juli–Mitte Sept. 9–21, Mitte Sept.–Okt. 10–18, Nov.–März 10–16 Uhr

Greifswalder Oie und Ruden

Zwei Inseln sind Usedom vorgelagert und dienen vor allem der Natur als Rückzugsort. Als Helgoland der Ostsee wird die 1,5 Kilometer lange Greifswalder Oie in rund zwölf Kilometer Entfernung bezeichnet. Weil die Insel eine Weile der Stadt Greifswald gehörte, heißt sie so (Oie ist das niederdeutsche Wort für *Kleine*). Einige Zeit wurde Landwirtschaft auf der Insel betrieben und für Schiffbrüchige und in Seenot Geratene fungierte sie im 19. Jahrhundert als Rettungsstation. Im letzten Jahrhundert war die Insel militärisches Sperrgebiet der Heeresversuchsanstalt in Peenemünde und nach 1945 der Armee (NVA) der DDR. Um die Flora und Fauna nicht zu sehr zu stören, dürfen sich heute nur 50 Touristen täglich für zwei Stunden auf der Insel aufhalten, dem kleinen Informationszentrum der Vogelschützer einen Besuch abstatten und dem Pfad vom Hafen zum Leuchtturm folgen. Der über 160 Jahre alte Turm (38 m hoch) ist das lichtstärkste Leuchtfeuer Mecklenburg-Vorpommerns.

Zwei Kilometer lang und 400 Meter breit ist Ruden, eine ehemalige Zoll- und Lotsenstation rund zwei Kilometer vor Usedoms Nordspitze Peenemünder Haken, auf der nur noch Naturschutzwart und Hafenmeister leben. Ein ehemaliger Beobachtungsturm beherbergt ein kleines Museum, das Flora und Fauna der Insel dokumentiert. Auch auf Ruden sind nur Tagesgäste erlaubt.

Eintritt € 6, Familien € 11,50–13
Das U-Boot »U-461« der ehemaligen baltischen Rotbannerflotte der Klasse JULIETT wurde in den 1950er Jahren entwickelt. Die sechs Decks des U-Boots können besichtigt werden. Nichts für Personen mit Klaustrophobie.

🏛🖼 Phänomenta »Physik zum Anfassen« ➡ A3
Museumsstr. 12, Peenemünde
✆ (03 83 71) 26 0 66
www.phaenomania.de
April–Okt. tägl. 10–18, sonst 10–16 Uhr, Eintritt € 8/7
Im Gebäude des ehemaligen Offiziersclubs der DDR-Marine befindet sich diese interaktive Ausstellung, in der Anfassen ausdrücklich erwünscht ist. Über 200 naturwissenschaftliche und physikalische Phänomene auf 2500 m² laden zum Staunen, Fühlen, Hören und Begreifen ein.

🏛🖼 Spielzeugmuseum ➡ A3
Museumsstr. 14, Peenemünde
✆ (03 83 71) 256 56, www.usedom-spielzeugmuseum.de
Tägl. 10–16 Uhr
Eintritt € 6/3, bis 3 J. frei
Gezeigt werden Spielsachen der letzten 300 Jahre. DDR-Spielzeug bildet einen Schwerpunkt, ebenso Puppen und Teddys wie auch Militärspielzeug.

🐱🏞 Naturschutzgebiet Peenemünder Haken ➡ A3
Der Mündungsbereich des Peene-

Lässt Kinderherzen höher schlagen: das Spielzeugmuseum

stroms im Nordwesten Usedoms ist eine Landschaft mit ausgedehnten Flachwasserbereichen (u. a. Sümpfe, Salzwiesen). Das 1920 unter Naturschutz gestellte Gebiet mit einer Gesamtfläche von 18,7 km² gilt als bedeutender Brut- und Rastplatz für zahlreiche Wasser- und Wattvogelarten (u. a. Kraniche, Enten, Gänse). Das Gebiet war 1936–91 militärisches Sperrgebiet.

🧗🖼 Glow-Golf ➡ A3
Hafenpromenade 5
Peenemünde
✆ (03 83 71) 55 37 10
www.glowgolf.de
Mitte März–Okt. tägl. 10–18 Uhr, Weihnachts- und Winterferien (Anfang Feb.), Eintritt € 6,50/5,50, Familienrabatt € 0,50 p. Pers.
Schwarzlichtminigolf auf 18 Bahnen mit Schatzsuche, Meeresungeheuer und Piraten in 3-D.

🚢🖼 Insel- und Halligreederei/ Adler-Schiffe ➡ A3
Hafen, Peenemünde
✆ (03 83 78) 477 90
www.adler-schiffe.de
Kreidefelsen/Rügen € 32,50/17, Familien € 69,50
Ausflugsfahrten nach Binz und zu den Kreidefelsen auf der Insel Rügen (Tagesfahrt).

🚢🖼🚲 Apollo Fahrgastreederei Peenemünde ➡ A3
Hafenpromenade 5
Peenemünde
✆ (03 83 71) 208 29
www.schifffahrt-usedom.de
Fähre € 3,50/2,50, Greifswalder Oie € 25/10, Insel Ruden € 15/7,50
Fährverkehr für Fußgänger und Fahrradfahrer ans Festland nach Freest (stündlich) und Kröslin (alle 2 Std.) sowie Ausflüge zu den Inseln Ruden (1,5 Stunden) und Greifswalder Oie (3 Stunden, mit Landgang), Boddenrundfahrten.
Bei gutem Wetter finden auch Fahrten zu den Kegelrobben im Bodden sowie Hochseeangeln statt.

📷🚲 Usedom-Rügen-Fähre
➡ A3
Hafen Peenemünde
✆ (03 83 08) 83 89
www.boddenreederei-ruegen.de.
Einfache Fahrt € 18/11 (6–15 J.),
Familien € 47, Fahrrad € 5,50 (Tickets nur am Schiff)
In 1 Stunde 40 Minuten von Usedom nach Gager auf Rügen mit der MS »Hanseat«. Fahrräder können mitgenommen werden (mit Anmeldung). Da die Fähre nur nachmittags in See sticht, ist sie nicht für einen Tagesausflug nach Rügen geeignet.

Ostseebad Karlshagen ➡ A/B3
Das mitten in einem wunderschönen Kiefernwald gelegene Ostseebad ist ein idealer Urlaubsort für Familien, Naturliebhaber und vor allem Campingfreunde. Die Gegend lädt zu allen Jahreszeiten zum Spazieren und Radfahren ein. Im Sommer bietet der lange und breite Sandstrand genug Platz für alle. Überhaupt ist ruhige Erholung in der Natur typisch für Karlshagen. Vom idyllisch am Peenestrom gelegenen Yacht- und Fischereihafen kann der Besucher eine Seefahrt zu den **Inseln Oie** oder **Ruden** unternehmen.

Für wissensdurstige Naturfreunde ist hier ebenfalls gesorgt: Das unmittelbar hinter den Dünen gelegene **Naturschutzzentrum** informiert sehr ausführlich über die Tier- und Pflanzenwelt der Insel Usedom.

Eine hübsch gestaltete Strandpromenade, einige kleine Läden und Lokale, der breite Sandstrand mit Blick auf die Insel Oie, die weiten Wälder, gut ausgebaute Fahrradwege und endlose Wiesenlandschaften neben der Peene – das Ostseebad Karlshagen ist für den Urlauberansturm gut gerüstet.

Höhepunkt ist das alljährliche dreitägige Hafenfest Ende

112 Schiffe haben Platz im Yachthafen von Karlshagen

Juli u. a. mit Schiffsrundfahrten, Speedboot-Rennen, Schiffsbesichtigungen, Schlemmermeile, Kinderkarussells und einem Höhenfeuerwerk.

ℹ️ Tourist Information ➡ A3
Hauptstr. 4
17449 Karlshagen
✆ (03 83 71) 55 4 90
www.karlshagen.de
Sommer Mo–Fr 9–18, Sa/So 10–15, Winter Mo–Mi, Fr 9–17, Do 9–18 Uhr, Sa/So geschl.

ℹ️📞 Naturschutzzentrum Insel Usedom ➡ A3
Dünenstraße, Karlshagen
✆ (03 83 71) 217 50
www.naturschutzzentrum-karlshagen.de
Mai–Sept. tägl. außer Mo 10–17, sonst bis 16 Uhr, Eintritt frei
Infozentrum des Naturparks Usedom mit einer Dauerausstellung über Flora, Fauna und Naturschutz der Region. Veranstaltet Vorträge und Wanderungen.

🌐 Friedhof Karlshagen ➡ B3
Karlshagen
Gedenkstätte der Opfer des Haftlagers Peenemünde.

✖️🍽️ Die Auster ➡ B3
Im Strandhotel
Strandpromenade 1, Karlshagen
✆ (03 83 71) 26 90
www.strandhotel-usedom.de
Tägl. ab 11.30 Uhr
Gute Küche mit regionalen Zutaten, große Weinkarte. €€

⊠ **Veermaster** ➡ B3
Am Hafen 2, Karlshagen
✆ (03 83 71) 210 12
www.restaurant-veermaster.de
Tägl. ab 11.30 Uhr
Gemütliche Hafengastronomie.
Direkt am Yachthafen gelegen,
ist das Lokal nicht nur für Segler
eine gute Adresse. Fischgerichte
dominieren natürlich die Speise-
karte. €€

🛥 🧭 **Ückeritzer Personenschiff-fahrt** ➡ B3
Hafen Peenestrom, Karlshagen
✆ 0171-651 47 69
www.ms-astor.de/fahrplan-karls
hagen.html
April–Mitte Okt.
Wolgast- und Peenestromtour
€ 15/8, Ruden € 17/9, Familien
€ 38/43
Zweistündige Ausflugsfahrten
auf dem Achterwasser mit MS
»Astor« zur Wolgaster Brücken-
öffnung mit Wolgast und Pee-
newerft. Außerdem Fahrten zur
Insel Ruden und Peenestromfahrt
nach Kröslin, Freest und Peenemünde.

Ausflugsziele:

◉ **Freest** ➡ A2
Gegenüber von Peenemünde
liegt dieses Fischerdorf, das man
bequem mit der Personenfähre
erreichen kann. Hier wird noch
täglich Ostseefisch angelandet
und u. a. in der denkmalgeschütz-
ten **Fischräucherei Thurow**, der
ältesten in ganz Vorpommern,
verarbeitet und verkauft. Der Name Freest stammt aus dem Slawischen und bedeutet Heidekraut.

🏛 👥 **Heimatstube** ➡ A2
Dorfstr. 57, 17440 Freest
✆ (03 83 70) 203 39
Mai–Okt. tägl. außer Mo 10–16,
Mai/April Mo–Fr 9–14 Uhr
Eintritt € 3/2, bis 14 J. € 1, Fami-
lien € 7
Kunsthandwerk und Geschichtli-
ches aus der Region, u. a. histori-
sche Fischereigeräte, ein Kutter,
Schnitzereien und kunstvolle
Teppiche aus Freest, die man auch
kaufen kann.

⊠ 🛏 **An der Waterkant** ➡ A2
Dorfstr. 36, Freest
✆ (03 83 70) 202 91
www.waterkant-freest.de
Tägl. außer Mo 11–14.30 und
17–22 Uhr
In einem der ältesten Lokale Vor-
pommerns kann man unter dem
Reetdach vortrefflich Fisch essen.
Es gibt auch Ferienwohnungen.
€–€€

👥 **Räucherei Thurow** ➡ A2
Dorfstr. 49, Freest

Hölzerner Seebär am Strand von Karlshagen

Freest – Heimathafen der Fischereigenossenschaft »Peenemündung«

✆ (03 83 70) 202 08
www.thurow-freest.de
Mo–Fr 10–18, Sa 10–16.30, So
10–11.30 Uhr
Seit 1891 wird hier Fisch geräuchert und verkauft.

🔆📷 Kröslin ➡ A2

Das Dorf am Peenestrom zieht vor allem Skipper in die Marina, aber auch Landratten können hier in schwimmenden Ferienhäusern, sogenannten Floating Houses, nächtigen. Die Dorfkirche aus dem 13. Jh. birgt einen kunstvollen Altarteppich, der 1948 im benachbarten Freest geknüpft wurde. Der Turm der Feldsteinkirche soll aus Steinen des Wolgaster Schlosses gebaut worden sein.

🏞 Lubmin ➡ A1

Obwohl bekannt durch sein stillgelegtes Atomkraftwerk und als Zwischenlager für Atommüll, bietet Lubmin außerdem einen schönen 5 km langen Sandstrand, eine 1992 erbaute 350 m lange Seebrücke und viel Wald. Hier fahren Greifswalder hin, wenn sie baden wollen, aber auch Tagesgäste von der Insel Usedom setzen in Peenemünde mit der Fähre über nach Freest und erkunden mit dem Fahrrad das über hundert Jahre alte Seebad rund 5 km weiter westlich.

✖ Bistro Boddenblick ➡ A1

Philosophenweg 9 A
Lubmin
✆ 0172-353 06 09
Mai–Okt. tägl. außer Mo 10–16,
Mai/April Mo–Fr 9–14 Uhr
Günstiges und gutes kleines Lokal mit Fischbrötchen, - suppe, leckeren Bratkartoffeln und allem was Strandurlauber wünschen. Mit Terrasse. €

Ostseebad Trassenheide ➡ B3/4

Im Schutz des Peenemünder Hakens, zwischen Ostsee, Dünenwall und Küstenwald, liegt Trassenheide (900 Einwohner), das 1786 erstmals urkundlich erwähnt wurde. Zunächst allerdings noch unter dem Namen »Hammelstall«. Um Schafherden vor einer plötzlichen Überflutung durch die Ostsee zu schützen, errichtete man einen großen Schafstall, der dem Ort seinen Namen gab. Erst 1908 erhielt die Kolonie den Namen Trassenheide.

Im Schutz des Peenemünder Hakens zwischen Ostsee, Dünenwall und Küstenwald liegt Trassenheide

Die von der Deutschen Wehrmacht errichtete Heeresversuchsanstalt in Peenemünde warf ihre Schatten auf den Ort, der 1943 von einem Bombenangriff, der Peenemünde galt, stark zerstört wurde. Erst 1947 begann der Badebetrieb wieder.

Ebenso wie Karlshagen zählt Trassenheide zu den kleineren und beschaulichen Seebädern – ruhig und etwas verträumt wie die Landschaft, die den Ort umgibt. Das Juwel des Seebads ist zweifellos der bis zu 50 Meter breite Strand, der flach zum Wasser abfällt. Buhnen- und steinfrei, fast vier Kilometer lang, mit feinkörnigem Sand, lädt er im Sommer besonders Familien zu ungetrübten Badefreuden ein.

Im Hinterland erstrecken sich weite Wiesen, das große Trassen-

Haus auf dem Kopf in Trassenheide

moor mit seltenen Pflanzen und Heide. Flora und Fauna locken Naturfreunde zu Entdeckungsreisen: Strandaster, Stranddistel, Beeren, Pilze, Feldlerche, Graureiher und der fast ausgestorbene Seeadler zeugen von einer intakten Natur.

Trassenheide hat für Kinder die meisten Attraktionen auf ganz Usedom: das **Haus auf dem Kopf**, das **Wildlife Usedom** und eine **Schmetterlingsfarm** sowie das **Usedom Park – Kinderland** und **Abenteuer Minigolf** auf einem Gewerbegelände zwischen Bahntrasse und B 111. Ein Hit ist auch der **Spielpark Pirateninsel** am Hotelrestaurant Seeklause.

ℹ **Tourist Information** ➡ B4
Strandstr. 36, 17449 Trassenheide
✆ (03 83 71) 209 28
www.seebad-trassenheide.de
Sommer Mo–Fr 9–18, Sa/So 9–15,
Winter Mo–Fr 9–16, Do bis 18 Uhr

◉ 🏊 **Haus auf dem Kopf** ➡ B4
Wiesenweg 2, Trassenheide
✆ (03 83 71) 263 44
www.weltstehtkopf.de
April–Okt. 10–18, Nov.–März 10–16 Uhr, Eintritt € 7/6, Familien € 16–20
Ein komplettes Einfamilienhaus, inklusive Möbel und Dekoration,

steht auf dem Kopf, das war bei der Eröffnung 2008 weltweit einzigartig. Ein Besuch im Inneren ermöglicht neue Perspektiven und lustige Schnappschüsse. Im Hof gibt es eine Miniaturausstellung mit historischen Gebäuden aus Mecklenburg.

Schmetterlingsfarm
➡ B4
Wiesenweg 5, Trassenheide
℡ (03 83 71) 282 18
www.schmetterlingsfarm.de
März–Okt. 10–19, Nov.–Feb. 10–16.30 Uhr, Kombi-Eintritt € 14/8 (gilt auch in der Naturerlebniswelt Heringsdorf und in der Eisen und Art Galerie Zinnowitz)
Mit 5000 m² nach eigenen Angaben größte Schmetterlingsfarm Europas mit Insektarium, Freiflughalle und bis zu 2000 Schmetterlingen. In der tropisch gestalteten Halle ist u. a. der Atlasspinner, mit 28 cm Flügelspannweite der zweitgrößte Schmetterling der Welt, zu sehen. Außerdem gibt es 40 Terrarien voller Rieseninsekten und Spinnentieren. Führungen und Souvenirshop.

Wildlife Usedom
➡ B4
Wiesenweg 2, Trassenheide
℡ (03 83 71) 557 61
www.wildlife-usedom.de
Tägl. 9.30–19.30 Uhr
Eintritt € 7,20/4,90–6,20, bis 3 J. frei, Familien € 17,90–21,59
Ausstellung präparierter und lebender Tiere aus fünf Kontinenten. Terrarien und tropische Pflanzen sorgen in einigen Bereichen für Dschungel-Atmosphäre. Mit Indoor-Spielplatz, Café, Souvenirshop, Ponyreiten und Kleintierzoo.

Spielpark Piraten-Insel
➡ B4
Mölschower Weg 1 A
Trassenheide
www.piraten-insel-usedom.de
Tägl. 9–20, im Winter 10.30–18.30 Uhr, Eintritt € 18/9, Familien € 45–49,50, im Winter frei
Größter Spielplatz der Region u. a. mit Seeräuberdorf und -schiff auf 13 000 m².

Usedom Park – Kinderland
➡ B4
Wiesenweg 1, Trassenheide
℡ 0160-830 54 08
April–Okt. tägl. ab 10 Uhr
Eintritt € 4/9, Familie € 16
Erlebniswelt auf 10 000 m² für Kinder unter 10 Jahren mit Streichelzoo, Ponyreiten, Hüpfburgen, Karussells, Spielplatz, Großschachfeld und Spielautomaten.

Kaliebe
➡ B4
Zeltplatzstr. 14, Trassenheide
℡ (03 83 71) 520, www.kaliebe.de
Tägl. ab 11.30 Uhr
Regionale Wildspezialitäten werden hier ebenso fachkundig und schmackhaft zubereitet wie Köstlichkeiten aus Meer und Achterwasser. €€–€€€

Hotel-Restaurant Seeklause
➡ B3
Mölschower Weg 1 A, Trassenheide
℡ (03 83 71) 26 70
www.hotel-seeklause.de
Tägl. ab 11.30 Uhr
Gutbürgerliche Küche mit mediterraner Note, Sonnenterrasse und Kaminzimmer. Gerichte vom Holzkohlengrill sowie Kinder- und Seniorenkarte. Mit Schwimmbad, Heusauna, Rasul, Kosmetik etc. Der große Spielpark mit Piratendorf befindet sich gleich nebenan. €–€€

⛹🏄🛏 **Abenteuer Minigolf**
➡ B4
Wiesenweg 1, Trassenheide
☎ 0177-319 26 80
www.piraten-der-ostsee.de
Ostern–Anfang Nov. tägl. 9.30–20,
letzter Einlass 18.30 Uhr
Eintritt € 6/5, 5–15 J. € 3,50
Schräg gegenüber dem Haus auf
dem Kopf kann man eine Partie
Minigolf in kreativ gestaltetem
Piraten-Ambiente spielen, sogar
mit Putten durch ein Schiff.

⛹🛏 **Cori Yoga** ➡ B4
Kampstr. 47, Trassenheide
☎ (03 83 71) 559 91
www.cori-yoga.de, ab € 12
Offene Yoga- und Pilateskur-
se sowie Burn-out-Prävention.
Auch Tages- und Wochenend-
Workshops mit Übernachtung in
der hauseigenen Pension.

⛹🏄🛏🚲 **Friesenhof** ➡ B3
Bahnhofstr. 48, Trassenheide
☎ (03 83 71) 26 10
www.friesenhof.m-vp.de
15 Pferde warten auf Reiter in
der eigenen Reithalle oder auf
Strand- und Wanderritten. Reit-
stunden, Ponyreiten, Fahrradverleih. Mit Hotelzimmern und
Ferienwohnungen.

Ausflugsziele:

⛹🏄✕ **Alte Gutsanlage Mölschow** ➡ B3
Trassenheider Str. 7

Eins mit der Krumminer Wiek: der Naturhafen Krummin

Mölschow
☎ (03 83 77) 399 25
www.usedom-aktiv.de
Juni–Sept. tägl. 10–18, Mai, Okt.
Di–Sa 10–16, Nov.–April Di–Fr
10–16 Uhr
Landwirtschaftlicher Erlebnis-
bereich (Mai–Okt.) u. a. mit
Kräutergarten und historischem
Backofen. In den Kreativwerkstät-
ten werden traditionelle Hand-
werkskünste vorgestellt. In der
Kulturscheune finden Märkte und
Veranstaltungen statt, und es gibt
eine 5 m hohe Kletterwand, an
der man sich ausprobieren kann.
Das Bistro sorgt mit selbst ge-
backenem Kuchen und vielen
regionalen Spezialitäten für das
leibliche Wohl.

⛹🏄🐎 **Reiterhof Bannemin**
➡ B3
Trassenheider Str. 1
Bannemin
☎ 0152-33 98 63 60
www.reiterhof-bannemin.de
Reiterferien, Strandausritte u. a.
mit Mecklenburger Warmblut-
pferden und Haflingern sowie
Ponyreiten, auch in der Reithalle.
Jedes Jahr findet im Sommer das
Pferdetheater statt: Dressurreiten
in Verbindung mit Musik, Tanz
und darstellendem Spiel.

👁⛹✕🛏🛏 **Krummin** ➡ bB3
Segler lieben den idyllisch gelegenen **Naturhafen** am Achterwasser
der Krumminer Wiek (www.use
dom-naturhafen.de). Am Hafen
gibt es auch schwimmende Feri-
enhäuser, einen Paddelbootver-
leih und Hausboote. Das jährlich
im Juli stattfindende **Kleine Hafenfest** ist eines der romantischs-
ten Hafenfeste der Insel Usedom.
Aber auch Ausflügler kommen
auf ihre Kosten bei einem Stück
Kuchen in einem der beiden Gar-
tencafés des kleinen Dorfes. Die
spätromanische Kirche stammt
aus dem 13. Jh. und zählt zu den
ältesten Usedoms.

⊠🍽🐾🚲 Zur Pferdetränke
➡ B3
Dorfstr. 31, Krummin
✆ (0 38 36) 23 10 23
www.zur-pferdetraenke-krum
min.de
Tägl. ab 11, im Winter nur Sa/So
13–17 Uhr
Gemütliche Raststätte für Ausflügler mit großem und kleinem
Hunger. Regionale Produkte,
etwa Brot und Kuchen aus dem
hauseigenen Steinofen, werden
im Restaurant und Hofladen offeriert. Schönes Ambiente mit
idyllischem Garten, Räucherofen
und Streichelzoo.

⊠ törnmeon Segeln ➡ B3
Hafen, Krummin
✆ 0176-5112 52 61
www.toernmeon.info
April–Okt. tägl. nach Voranmel-
dung, ab 6 J.
€ 30/3 Std., Tagestörn (6 Std.) € 60
Segeln auch ohne Vorkenntnisse
auf der Hochseeyacht »Romi«.
Tagestörns auf der Ostsee, dem
Achterwasser oder Peenestrom
und Stettiner Haff.

Ostseebad Zinnowitz ➡ B4

Mit seinen rund 3700 Einwohnern ist Zinnowitz der schönste,
größte und quirligste Badeort im
Norden Usedoms. Mit seiner hübschen Strandpromenade, die seit
1993 den Ort schmückt, und der
im selben Jahr eröffneten Seebrücke zeigt sich Zinnowitz von seiner
besten Seite. Mithilfe der **Vineta-
Festspiele** und dem **Theater Blechbüchse** hat sich der Ort zudem
wieder zu einem kleinen, lokalen
Kulturzentrum entwickelt.

Vor den manchmal rauen Ost-
winden durch den Glienberg ge-
schützt, wird der flach zum Wasser
hin abfallende Strand vor allem
von Familien gerne frequentiert.

Erstmals erwähnt wurde die alte Slawensiedlung im Jahr 1309
in einer Schenkungsurkunde des

Der Ostsee-Lift von Zinnowitz

Wendenfürsten Bogislaw IV. von
Pommern-Wolgast. Das seitdem
zum Zisterzienserkloster Krummin gehörende Tzys (slawisch:
Korn) ging nach der Reformation
an die Pommernherzöge, später
an die schwedische Krone und
1721 schließlich an Preußen.

Die von der Milch- und Vieh-
wirtschaft lebenden Bauern wurden vom wachsenden Erfolg der
benachbarten Badeorte Heringsdorf und Swinemünde ermutigt,
im Jahr 1851 die ersten Badehüt-
ten aufzustellen. Der touristische
Aufschwung des neu gegründeten Seebads kam jedoch erst mit
der Wolgaster Bahnanbindung
im Jahr 1863, als die immer zahlreicher werdenden Sommergäste
die Fähre über die Peene nutzten
und so schneller in den Westteil
der Insel gelangen konnten.

Bis dahin hatte Zinnowitz mit
seinen günstigen Preisen eher das
einfache Volk in die abgelegene
Region gelockt, jetzt kamen mehr
und mehr kapitalkräftige Gäste,
was man auch heute noch an
der teilweise mondänen Bäder-
villenarchitektur – vor allem an
der Strandpromenade – sieht.
So wurde aus dem preiswerten
Volksbad in kürzester Zeit ein
vornehmes Kurbad. Mit der Um-
wandlung von Zinnowitz um
1920 in ein »deutsch-nationales
Volksbad« begann das dunkelste
Kapitel der Ortsgeschichte. Diese
Ära fand durch die Errichtung der
Heeresversuchsanstalt (1936–45)
in Peenemünde ihr Ende.

Die Tauchgondel an der Vineta-Brücke von Zinnowitz bietet 24 Personen Platz

Bis 1945 war Zinnowitz militärisches Sperrgebiet, und auch danach waren für Durchschnitts-DDR-Bürger Urlaubsquartiere eher rar, denn ab 1953 belegte die mächtige Bergarbeitergewerkschaft IG Wismut einen Großteil des Seebads und besetzte die unter fadenscheinigen Begründungen durch den Staat enteigneten Villen.

Nach der Wende standen die mondänen Hotels und Villen einige Zeit leer, bis sich langsam der Tourismus wieder erholte und der Ort nach und nach restauriert wurde.

Das 1953–57 errichtete Kulturhaus, das lange Zeit den größten Theatersaal der Insel beherbergte und zuletzt immer mehr verfiel, wird derzeit zu einer exklusiven Wohnanlage (86 Apartments) mit eigenem Spa- und Fitnessbereich umgebaut und durch zwei zusätzliche Flügelbauten erweitert.

ℹ️ Tourist Information ➡ fB3
Neue Strandstr. 30
17454 Zinnowitz
☎ (03 83 77) 49 20
www.zinnowitz.de
Mitte Juni–Aug. Mo–Fr 9–20, Sa/So 10–18 Uhr, sonst kürzer, Nov.–Mai So geschl.
Mit Bibliothek.

🏛 Heimatmuseum ➡ fC1
Am Bahnhof 1, Zinnowitz
Mo–Fr 13–17, Sa/So 14–17 Uhr
Eintritt € 2/0,50
Das kleine Museum dokumentiert u. a. die Entwicklung vom Fischerdorf zum Ostseebad, die Weltkriege, DDR-Zeit und Seenotrettung sowie die Strandfotografie im Wandel der Zeit. Es wurde von Mitgliedern der Historischen Gesellschaft Zinnowitz gestaltet und befindet sich im Bahnhof.

🏛 Usedomer Kunsthaus ➡ fC3
Wilhelm-Potenberg-Str. 1
Zinnowitz

Schöner Ostseeblick garantiert: »Strandhotel Preußenhof« in Zinnowitz

☎ (03 83 77) 422 34
www.kunstreinhardmeyer.de
Di–Fr 14–18, Sa 10–12 Uhr sowie nach Vereinbarung, Eintritt € 1
Brigitte und Reinhard Meyer zeigen in ihrer Gründerzeitvilla neben ihren Werken und denen ihres in Berlin lebenden Sohnes Robert Bilder von Künstlern aus dem Norden.

◉📷🛗🍽🍷 **Promenadenhalle**
➜ fB3
Neue Strandstr. 30 A
Zinnowitz
☎ (03 83 77) 373 36
www.promenadenhalle.de
Tägl. 11–18, Lounge bis 24 Uhr
Das auffällige Haus mit dem sich 25 m in die Luft hebenden ❸ **Ost-see-Lift** (mit Café) liegt direkt an der Seebrücke. An Regentagen ist es für Familien eine der ersten Adressen der Umgebung, denn es bietet Kindern Platz zum Toben und Spielen. Mit Aquarium, 3-D-Kino, Aussichtscafé, Himmel & Meer Lounge, Spielecke. Zur Verfügung stehen auch Tischspiele und Wii-Konsole. Kinderanimation jeden Fr und Sa ab 19 Uhr. Hier kann man sich auch trauen lassen.

◉🚶 **Seebrücke Zinnowitz** ➜ fA3
Strandpromenade 998, Zinnowitz
Tauchgondel: www.tauchgondel. de, Juni–Aug. 10–21, April/Mai, Sept./Okt. tägl. 10–19, Nov.–März

Badegäste am weißen Sandstrand von Zinnowitz auf Usedom

Mi–So 11–16 Uhr
Eintritt € 8/5, Familien € 19–23
Die 315 m lange Seebrücke mit dem Namen Vineta wurde im Jahr 1993 eingeweiht. Ihre Vorgängerin (Bj. 1908) war nach dem Zweiten Weltkrieg wegen Baufälligkeit abgerissen worden und hatte sogar eine Länge von über 500 m. Besucher können mit einer **Tauchgondel** am Kopf der Seebrücke 4,5 m tief in die Unterwasserwelt der Ostsee tauchen. Jeweils 24 Personen haben die Möglichkeit, ca. 45 Minuten lang einen Hauch von Tiefsee zu erleben.

Vineta
Die sagenhafte Stadt soll einst an der Odermündung existiert haben. Davon war nicht nur der mittelalterliche Geschichtsschreiber Adam von Bremen überzeugt: »In der Tat ist Jumne (Vineta) wirklich die größte von allen Städten, die Europa birgt ...« (aus »Hamburgische Kirchengeschichte«, 1075). Seither ranken sich zahlreiche Legenden und Thesen um den einstigen Standort der versunkenen Stadt. Den unterschiedlichsten Vermutungen zufolge lag Vineta früher in der Nähe des heutigen Koserow (Vineta-Riff) bzw. bei Wollin, wo tatsächlich Überreste einer bedeutenden Stadt entdeckt wurden. Nach Erkenntnissen zweier Berliner Wissenschaftler (1998) befand sich die Odermündung vor ca. 1000 Jahren allerdings in der Region Fischland-Darß-Zingst. Demnach versank Jumne (dänisch: Biene) nicht vor Usedom, sondern im Bodden vor Barth (slawisch: Bienenzucht). Nach dieser Theorie sind sogar die Ortsnamen gleichen Ursprungs.

Auch für Zinnowitz charakteristisch: die Bäderarchitektur

Rosenhof Usedom ➡ B4
Neuendorfer Weg 3 B
Zinnowitz
www.rosenhof-usedom.de
Mai–Sept. Mo–Fr 10–18, Juni auch
Sa/So, Juli/Aug. auch Sa 10–18,
Café Juni–Aug. So 14–18 Uhr
Eintritt € 5, Kinder frei
Gartenbauingenieur Wulff hat
sich mit seinem 12 000 m² gro-
ßen Garten einen Traum aus
Rosen und Dahlien erfüllt. Rund
3000 Rosenpflanzen betören mit
ihrem Duft. Im Gartencafé kann
man im Sommer sonntags feine
Kuchen naschen.

Spielplatz ➡ fA3
Direkt an der Promenade vor den
Vineta Hotels bietet ein Spielplatz
Elektro-Rennautos, Eisenbahn,
Rutsche, Karussell, Schaukel und
vieles mehr.

**Bio-Bistro und -Markt
Unter den Linden** ➡ B4
Hafenstr., Zinnowitz
☎ (03 83 77) 37 99 90
www.bio-usedom.de
Tägl. außer So 9–19 Uhr
Ökologisch und fair produzierten
Kaffee, Salat aus der Region und
vieles mehr kann man einkaufen
oder gleich vor Ort verzehren. Mit
Sommergarten. €

MS Libelle ➡ fA2
Westl. Strandpromenade
Zinnowitz
☎ (03 83 77) 406 94
Tägl. ab 11 Uhr
Prima Fisch essen in einem Lokal,
das wie ein gestrandetes Schiff in
den Dünen liegt. €

Zum Smutje ➡ fB2
Vinetastr. 5 A, Zinnowitz
☎ (03 83 77) 415 48
www.zum-smutje.de
Tägl. außer Di ab 17 (Küchen-
schluss 21.30), Sa/So auch 12–
15 Uhr
Fisch in vielen Variationen, auch
in Form von Soljanka oder Finken-
werder Scholle. Im Sommer besser
reservieren. €

**Backbord Café und
Bäckerei** ➡ fB3
Neue Strandstr. 22, Zinnowitz
☎ (03 83 77) 375 75
Tägl. ab 11 Uhr
Modernes Café an der Promenade
mit Gebäck aus eigener Fertigung
und Frühstückskarte sowie war-
men Tagesgerichten und Suppen.
Kinderessen und Spielecke halten
den Nachwuchs bei Laune.

Museumscafé ➡ fB3
Dünenstr. 10, Zinnowitz

☎ (03 83 77) 394 50
Tägl. 11.30–21 Uhr
Gasthaus im Stil der 1920er Jahre.
Leckerer Kuchen aus hauseigener
Konditorei. Abends warme Ge-
richte. Schöner Blick auf Ostsee
und Seebrückenvorplatz.

🍸🎷 Sinatra-Bar ➡ fB3
Dünenstr. 20, im Hotel Asgard
Zinnowitz
☎ (03 83 77) 46 70
www.hotelasgard.de
Cocktailbar mit toller Aussicht
über die Ostsee im Dachgeschoss
des Hotel Asgard.

🏨🍸🏛 Refugium Vinothek und Kunstladen ➡ fB3
Dünenstr. 34, Zinnowitz
☎ (03 83 77) 37 12 06
www.usedomrefugium.de
April Fr–So 14–18, Mai Mi–So
14–18, Juni–Sept. Mi–So 14–20,
So 13–18, Okt. Do–So 14–18 Uhr
Weinkenner kaufen hier ein, denn
die Auswahl an guten Tropfen aus
ganz Europa kann sich sehen lassen. Außerdem werden Bilder, Keramik, Schmuck, Kunstpostkarten
etc. verkauft. Mit Kunstgalerie.

🏊🎷🌀 Bernsteintherme ➡ fA2
Dünenstr., Zinnowitz
☎ (03 83 77) 355 00
www.bernsteintherme.de
Tägl. 10–22, Frühschwimmen im
Meerwasserbad tägl. 7–9, Strandsauna tägl. 13–22 Uhr
3 Std. € 9,60, 2–12 J. € 4,80, Frühschwimmen € 4, ab 19 Uhr € 5,50
(nur Meerwasserbad)
Bade- und Wellnessanlage im
Hotel Baltic mit Thermal- und
Meerwasserbad, orientalischen
Bädern, Massagen, verschiedenen Kursen sowie Veranstaltungen. Strandsauna mit Zugang zur
Ostsee.

🏊🌀 Spa im Hotel Residenz Vineta ➡ fB3
Strandpromenade 1, Zinnowitz
☎ (03 83 77) 355 00

www.bernsteintherme.de
Ganzkörperanwendungen in der
Haslauer Softpackliege, etwa Rü-
gener Heilkreide, Thalasso oder
Peeling. Außerdem Massagen
und Kosmetik.

⛵ Segelschule Sail Away ➡ B4
Sportstrand, Aufgang Q (unterhalb des Hotel Baltic), Zinnowitz
☎ (03 83 77) 360 18
www.sail-away-usedom.de
Mai–Sept. tägl. 9–18 Uhr
Surf-, Katamaran- und Jollenkur-
se, Kanu- und Kajaktouren sowie
Wasserski- und Wakeboard-Fah-
ren, gezogen von einem Motorboot.

🚢⚓ Adler-Schiffe ➡ B4
Seebrücke, Zinnowitz
☎ 01805-12 33 44
www.adler-schiffe.de
April–Okt.
Hin- und Rückfahrt Swinemünde
€ 25/13, Familien € 63, Rundfahr-
ten € 21/11, Familien € 53, Abend-
fahrten € 16/8, Familien € 37, bis
6 J. frei
Tagesausflüge zu den Kaiserbädern und nach Swinemünde machen mit dem Schiff besonders
viel Spaß.

🚢⚓ Ückeritzer Personenschiff-fahrt ➡ B4
Anleger Achterwasser, Zinnowitz
☎ 0171-651 47 69
www.ms-astor.de
April–Mitte Okt.
Achterwasser € 15/8, Lassan € 18/9
Zweistündige Ausflugsfahrten
auf dem Achterwasser mit MS
»Johannes«. Donnerstags fährt
das Schiff zum Festland nach Lassan gegenüber vom Lieper Winkel, mit 3,5-stündigem Landgang.
Fahrradtransport möglich.

🦞 Blechbüchse ➡ fB3
Seestr. 8, Zinnowitz
☎ (03 83 77) 409 36
www.blechbuechse.de
Ganzjährig geöffnet

Unberührte Natur auf der Halbinsel Gnitz

Die Spielstätte (308 Plätze) befindet sich in einem ehemaligen Lagerhaus für Strandkörbe. Neben Schauspiel vorwiegend Kleinkunst, Puppenspiel, Lesungen und Konzerte.

🐾🍸 Club Kino ➡ fB3
Neue Strandstr. 20, Zinnowitz
✆ (03 83 77) 420 36
www.club-kino.de
Eintritt € 4,50–7,50
Zwei Kinosäle, aktuelles Programm u. a. mit 3-D-Filmen. In Kino 1 mit Bedienung vor und nach der Vorstellung direkt an den drehbaren Stühlen, die dann zu kleinen Sitzgruppen um Tische herum gruppiert werden können.

🐾🎵 Usedomer Musikfestival
www.usedomer-musikfestival.de
Das Festival findet jährlich im Sept./Okt. an verschiedenen Aufführungsorten statt. Es wird Musik des Ostseeraums gespielt, jährlich mit einem Länder-Schwerpunkt.

🐾 Vineta-Festspiele – Ostseebühne ➡ fB3
Seestr. 8, Zinnowitz
✆ (03 83 77) 409 36
www.vineta-festspiele.de
Ende Juni–Aug. Mo, Mi/Do, Sa ab 19.30 Uhr
Eintritt € 13–25/22, Familien € 40–60

Die Legenden um die Stadt Vineta, die vor Usedom versunken sein soll, haben die Vorpommersche Landesbühne Anklam dazu inspiriert, die sagenhafte Stadt im Rahmen der jährlich stattfindenden Vineta-Festspiele wieder auftauchen zu lassen. Mit echtem Wasserfall auf der Bühne und Lasershow.

Ausflugsziele:

🦉🏠 Halbinsel Gnitz ➡ C4
Bis zum Mittelalter war der Gnitz noch ganz und gar von Wasser umgeben. Der einstige Strumminstrom verlandete aber mit der Zeit und ist heute ein See. Vor allem die Südspitze (Möwenort, NSG) mit ihren reichhaltigen Wacholdervorkommen konnte bis heute ihre Unberührtheit erhalten und ist Lebensraum für zahlreiche Seevögel (Uferschwalben).

Die bewaldete Hügel- und Klifflandschaft an der Krumminer Wiek und das waldarme Flachland im Südosten sind attraktive Wanderziele. Höchste Erhebung der Gegend ist der **Weiße Berg** (32 m). Sehenswert sind auch das **Großsteingrab Lütow** und die spätmittelalterliche **Kirche von Netzelkow** mit ihrem freistehenden Glockenturm und der originalen Glocke aus dem 14. Jh., der ältesten ganz Pommerns.

👁 Großsteingrab ➡ C4
500 m nach dem Ortsausgang von Lütow links 250 m dem Weg folgen
Das einzige Großsteingrab auf der Insel Usedom stammt aus der Jungsteinzeit ca. 10 000 v. Chr.

☕👥 Galeriegarten ➡ C4
Zum Möwenort 22, Lütow
✆ (03 83 77) 401 90, tägl. 11–20 Uhr, im Winter nur Sa/So
Hübsches kleines Café mit hausgemachtem Kuchen sowie Verkauf von Kunsthandwerk, u. a. Keramik.

⊠ **Surf- und Segelschule** ➡ C4
Zeltplatzstr. 20, Lütow
☎ 0160-96 22 48 30
www.wassersport-usedom.com
Kanuverleih € 35/Tag
Windsurfen, Kiteboarding, Segeln mit Jolle, Katamaran oder Optimist, Steh-Paddeln sowie Touren mit dem Kanu. Grund und Auffrischungskurse, Sportbootführerschein. Bootsvermietung.

⊠ **Restaurantschiff Netzelkow** ➡ C4
Yachthafen, Netzelkow
☎ (03 83 77) 401 90
Mai–Okt. tägl. 12–22 Uhr
Ein ehemaliger Ausflugsdampfer lädt zu Fischgerichten ein, Segler bekommen hier aber auch ihre Frühstücksbrötchen. €

Die Bernsteinbäder

Die Reihenfolge der Vista Points entspricht dem Uferverlauf von Nord nach Süd.

Durch die großen Ausbuchtungen des Achterwassers und der Krumminer Wiek zerfällt die Insel Usedom fast in zwei Teile. An ihrer schmalsten Stelle ist sie gerade einmal 350 Meter breit. Entlang diesem Landstreifen zwischen Ostsee und Achterwasser liegen die vier Bernsteinbäder Zempin, Koserow, Loddin/Kölpinsee und Ückeritz. Den Namen Bernsteinbäder erhielten sie, weil an ihren Stränden das Gold der Ostsee am häufigsten zu finden ist.

Auch in diesen kleinen Bädern geht es eher beschaulich zu: Man genießt den langen weißen Ostseestrand und die landschaftliche Idylle am Achterwasser, die man vom etwa 60 Meter hohen Streckelsberg, der dritthöchsten Erhebung der Insel, überblicken kann.

Ostseebad Zempin ➡ B4
Zempin ist das kleinste und ruhigste aller Seebäder auf Usedom. Es liegt in der Nähe der schmalsten Stelle der Insel und bietet vor allem Erholung. Die Hauptstraße teilt den Ort auch optisch: Während im Norden, etwa in der Waldstraße, Villen dominieren, ist der südlich der Straße gelegene Ortsteil geprägt von reetgedeckten Häusern. Große Hotelbauten sucht man hier vergeblich. Ein rund neun Kilometer langer **Lehrpfad** zeigt und erläutert Sehens- und Wissenswertes aus dem Seebad. Die moderne **Promenade mit Kurplatz** ist der Treffpunkt von Urlaubern und Einheimischen.

Der Maler **Hugo Scheele** lebte von 1921 bis zu seinem Tod 1960 in Zempin. Er hielt typische Motive der Natur und des Fischerorts vor allem in Aquarellen fest.

Das einzige Großsteingrab auf Usedom in Lütow

ℹ️ **Tourist Information** ➡ B4
Fischerstr. 1, 17459 Zempin
✆ (03 83 77) 421 62
www.seebad-zempin.de
Okt.–Mai Mo, Mi–Fr 9–16, Di 9–
18, Juni–Sept. Mo–Fr 9–18, Sa
9–12, Juli/Aug. auch So 9–12 Uhr

🏛️👓 **»Uns olle Schaul«** ➡ B4
Fischerstr. 11, Zempin
✆ (03 83 77) 369 51
Mai–Sept. Mi und Sa 15–18 Uhr
und nach tel. Vereinbarung, wegen Renovierung zeitweise geschlossen, Eintritt frei
Eine kleine **Ausstellung zur Fischerei** in Zempin mit Bootsmo-
dellen und ein **Kolonialwarenla-
den** mit Originalmobiliar (Schlich-
leins Laden) lockt Besucher an. Im
Museumsladen erhält man Nach-
drucke der Werke des Zempiner
Malers **Hugo Scheele**. In dem Gebäude befand sich früher, was der
Name der Ausstellung bedeutet:
unsere alte Schule.

👁️🖊️ **Bücherbaum** ➡ B4
Dorfplatz, Zempin
Wer gerne liest, findet hier neue
Lektüre und kann seine gelesenen
Bücher im Tausch ins Regal stellen.
Das kunstvoll gestaltete Ensemble
aus hölzerner Sitzbank, Skulptur
und Bücherregalen stammt von
dem Stralsunder Bildhauer Raik
Vicent.

✖️🖊️ **Seeadler** ➡ B4
Seestr. 7, Zempin
✆ (03 83 77) 426 15

*Idyllischer Hafen von Zempin am
Achterwasser*

März–Okt. tägl. 11.30–21 Uhr,
Nov.–Feb. geschl.
Gutbürgerliche Küche der Region
und internationale Spezialitäten.
Gartenterrasse und rustikales Am-
biente. €–€€

✖️ **Tau'n Fischer un sin Frau**
➡ B4
Waldstr. 11, Zempin
✆ (03 83 77) 400 54
Tägl. ab 11 Uhr
Im rustikalen Fischrestaurant und
in der Räucherei wird Fisch aus eigenem Fang verarbeitet. Familie
Schmidt knüpft an die lange Tradition der Fischräucherei in Zempin an. €–€€

🔆✖️🛏️ **Ayurveda im Hotel
Inselhof Vineta** ➡ B4
Am Achterwasser, Zempin
✆ (03 83 77) 352 00
www.inselhof.de, tägl. 9–20 Uhr
90 Min. Ayurveda € 80, Eintritt
Wellness- und Fitnessbereich für
3 Std. € 8/6 (4–11 J.)
Die ayurvedische Ganzkörper-
Ölmassage (Abhyanga) ist etwas
Besonderes auf Usedom, aber
auch der große Whirlpool mit
14 Sitzplätzen und Aussicht auf
das Achterwasser ist ein Erlebnis.
Mit Sauna, Solarium und Fitness-
geräten.

🖊️🖊️ **Theater Randfigur** ➡ B4
Kurbühne, Zempin
✆ 0177-840 43 96
www.theater-randfigur.de
Programm siehe Internet
Die Puppenspielerin Jana Sonnen-
berg bezaubert Kinder und Erwachsene mit ihrem Figurenspiel
und geht viel auf Tournee. Auf
der Kurbühne im Zempin sowie
in den anderen Ostseebädern ist
sie regelmäßig zu sehen.

Ostseebad Koserow ➡ B5
Der Name des heutigen Seebads
ist slawischen Ursprungs und bedeutet soviel wie »Ziege« *(Koze)*

Der Seebrückenvorplatz von Koserow wurde in den letzten Jahren neu gestaltet

oder »Amsel« *(Kos)*. Denn bereits ab dem 8. Jahrhundert besiedelten die Wenden das Gebiet zwischen Ostsee und Achterwasser. Im Zuge der Christianisierung erhielt *Cuzerowe* als eines der ersten Küstendörfer an der Ostsee eine Kirche (13. Jh.) und nahm schon bald eine zentrale Funktion in der gesamten Usedomer Küstenregion ein.

Mit der staatlichen Förderung der Strandfischerei ab 1819 entstanden hier zahlreiche **Salzhütten**. Die ansässigen Fischer betrieben nicht nur Heringsfang, sondern sorgten auch für die Konservierung der Fische. Kurze Zeit später erhielt die mit dem Ort in Verbindung gebrachte Überlieferung, nach der vor Koserows Küste das sagenhafte Vineta unterging, neue Nahrung. Denn der spätere Preußenkönig Friedrich Wilhelm IV. besuchte 1827 das nahe gelegene Vineta-Riff und bestätigte die These »offiziell«.

Der berühmte Seeräuber Klaus Störtebeker soll in den Höhlen des 60 Meter hohen **Streckelsberges** seinen Schlupfwinkel gehabt haben. Von seinem Steilufer aus bietet sich ein wunderschöner Blick aufs Meer.

Frühe Berühmtheit erlangte das Fischerdorf durch den Roman »Maria Schweidler. Die Bernsteinhexe« (1843) von Pfarrer Wilhelm Meinhold. Drei Jahre danach wandelten die ersten neugierigen »Sommerfrischler« auf den Spuren der Meinholdschen Romanfigur. Die offizielle Fremdenverkehrsära begann im Jahr 1851 mit Gründung der hiesigen Badegenossenschaft. Doch erst nach dem Anschluss an das Eisenbahnnetz im Jahr 1911 konnte sich der lange Zeit unbedeutende Badeort zum »Juwel der Ostsee« entwickeln.

Auch Koserow hat heute wieder eine 261 Meter lange **Seebrücke**. Sie wurde 1993 eingeweiht und befindet sich am Fischerstrand, also unmittelbar neben den historischen Salzhütten. Wegen Bauschäden längere Zeit gesperrt, wurde sie 2015 wieder freigegeben. Der Seebrückenvorplatz erhielt eine durch EU-Gelder geförderte Verschönerungskur. Hier schlägt heute das touristische Herz des Seebads: Souvenirstand, Spielplatz, Eiscafé, Imbissbude, **Udo's Fischräucherei** und Fischrestaurant versorgen Groß und Klein.

Besonders stolz ist Koserow auf den künstlerischen Nachlass des Malers **Otto Niemeyer-Holstein**, der von 1933 bis zu seinem Tod 1984 hier lebte.

ⓘ Tourist Information ➡ B5
Hauptstr. 31, 17459 Koserow
✆ (03 83 75) 204 15
www.seebad-koserow.de
www.usedomer-bernsteinbaeder.de
Juli/Aug. Mo–Fr 9–18, Sa/So 9–12,
Nov.–März Mo–Fr 9–12.30 und
13–16, April, Okt. Mo–Fr 9–16, Sa
9–12, Mai/Juni, Sept. Mo–Fr 9–18,
Sa 9–12 Uhr

🏛 Otto-Niemeyer-Holstein-Gedenkatelier ➡ B4/5
Koserow-Lüttenort
✆ (03 83 75) 202 13
www.atelier-otto-niemeyer-holstein.de
Neue Galerie und Garten tägl.
10–18 Uhr, im Winter kürzer,
Wohnhausbesichtigung nur mit
Führung tägl. 11, 12, 14, 15 Uhr
Eintritt € 4/2
An der schmalsten Stelle Usedoms lebte und arbeitete der bekannte Maler (1896–1984) seit 1933. Das Refugium ist seit dem Tod des Künstlers für Besucher ge-

Frischer Räucherfisch an den Koserower Salzhütten

öffnet. Im Garten sind Plastiken von Künstlerfreunden (u. a. Fritz Cremer, Wieland Förster) zu besichtigen. Die letzte Ruhestätte von Otto Niemeyer-Holstein befindet sich auf dem Friedhof in Benz.

ⓞ 🏛 ✕ 🛈 Koserower Salzhütten ➡ B5
An der Seebrücke, Koserow
✆ (03 83 75) 206 80
www.koserower-salzhuette.de
Restaurant tägl. außer Mo 12–21.30 Uhr
Um 1820 begann man auf der Insel Usedom mit dem Einsalzen der Fischrohware, um sie länger haltbar zu machen. Die Fischer nutzten die damals 15 reetgedeckten Hütten am Strand als Lagerhäuser für die Salzvorräte, die sie vom preußischen Staat steuerfrei zur Weiterverarbeitung zur Verfügung gestellt bekamen. Über die Jahre verfielen die meisten Hütten, wurden Opfer von Sturmfluten oder aber als Arbeitsschuppen genutzt.

In eine der letzten sechs Salzhütten am Strand von Koserow ist das **Fischrestaurant Koserower Salzhütten** eingezogen. Die Außen- und Innenplätze sind schnell belegt, denn die Küche des Hauses zählt zu den besten Fischküchen der Region.

In einer weiteren Hütte wurde ein **Minimuseum** eingerichtet, von Mai bis September kann man hier auch heiraten.

In direkter Nachbarschaft gibt es bei **Udo's Fischräucherei** Fischbrötchen auf die Hand.

ⓞ 🐾 Kirche Koserow ➡ B5
www.klassik-am-meer.de
Der gotische Feldsteinbau (13. Jh.) gehört zu den ältesten Kirchen Usedoms. Der Turm stammt aus dem 15. Jh. Besonders sehenswert sind der Schnitzaltar (Ende 15. Jh.) und das Vineta-Kreuz. Regelmäßig finden Theateraufführungen

des Ensembles »Klassik am Meer« und Lesungen in der evangelischen Kirche statt.

🖼 🚇 Naturschutzgebiet Streckelsberg ➡ B5

Seit rund 200 Jahren bewaldet, ist ein Spaziergang über die ehemalige Sanddüne eine schöne Abwechslung zum Strandleben. Unter Buchen wachsen je nach Saison ganze Teppiche an Leberblümchen, Busch-Windröschen, und man kann heimische Orchideen bewundern. Hier wohnen u. a. noch Pirol und Waldkauz und viele seltene Käfer.

✖ 🎭 Kieck över ➡ B5

Am Strand, Koserow
☎ (03 83 75) 215 59
www.kiek-oever-koserow.de
Tägl. ab 11–21 Uhr
Zander, Hering, dazu Bratkartoffeln und Salatbeilage, das geht immer, zumal in der Nähe des Strandes. Mit Kinderkarte. €

☕ Café Moritz ➡ B5

Hauptstr. 100, Koserow
☎ (03 83 75) 938 26
www.cafe-moritz.de
Tägl. im Sommer ab 9, im Winter tägl. außer Mo 13–17.30 Uhr
Über 40 Eisbecher mit Eis aus eigener Herstellung sowie rund 30 üppige Sahnetorten und Obstkuchen vom Blech verführen zum Schlemmen. Mit Frühstückskarte und Sonnenterrasse.

🎭 🏊 Bernstein-Medical-Spa ➡ B5

Im Hotel Hanse-Kogge
Hauptstr. 58, Koserow
☎ (03 83 75) 26 00
www.bernstein-medical-spa.de
Das Spa des Viersternehotels hat die Form eines Schiffes. Wellness- und Beauty-Anwendungen sowie klassische Kur-Behandlungen sind im Angebot. Mit 32 Grad warmem Soleschwimmbad und drei Saunen.

Traditionelles Strandfischerboot am Strand von Koserow

🏃 🎭 Minigolf ➡ B5

Kreuzstr. 8, Koserow
☎ 0151-54 19 31 18
www.minigolf-koserow.de
www.indoorminigolf-pudagla.de
Tägl. 11–18, im Sommer bis mind. 20 Uhr, Nov.–Feb. geschl.
Eintritt € 5–9/4–7
Deutschlands größtes Minigolfzentrum mit zwei 18-Loch-Parcouren unter freiem Himmel. Zwei Indoor-Anlagen in einer Halle bei Pudagla nahe Bansin gehören ebenfalls zum Unternehmen.

🎭 Spa am See ➡ B5

Buchbar über das Bernstein Medical-Spa
www.spa-am-see.de
3 Std. € 149/2 Personen
Ein Spa ganz für sich allein, das hat zwar seinen Preis, dafür ist es schön leer. Mit finnischer Blockbohlensauna, Whirlpool, Cardiotrainingsgeräten etc. Dachterrasse mit Blick auf das Achterwasser.

🏃 🎭 🏊 Grenzenlos aktiv ➡ B5

Hotel Forsthaus Damerow
Koserow
☎ (03 83 75) 560
www.urlaub-auf-usedom.de
Programm siehe Internet
Tageskarte € 12
Viele Freizeitaktivitäten wie Bogenschießen, Tennis und Badminton, Boule, Volleyball, Aquagymnastik, Fackelwanderung, Kajak Safari, Geocoaching und Billard bietet das Hotel Forsthaus

Damerow auch für Gäste von außerhalb an.

🚗 Autokino ➡ B5

An der B 111 zwischen Koserow
und Stubbenfelde
✆ (03 83 77) 420 36
http://autokino-usedom-koserow.
kino-zeit.de
Auf dem Parkplatz gibt es während der Sommermonate aktuelle
Filme in Dolby-Qualität.

Ostseebad Loddin/Kölpinsee
➡ bC5

Zu dem kleinen Seebad gehören
die drei Ortsteile Kölpinsee, Loddin und Stubbenfelde. Es ist umgeben von Wasser – von Ostsee,
Achterwasser und Kölpinsee.

Von dem 34 Hektar großen
Binnensee, der einst eine Bucht
der Ostsee bildete, hat das 1896
gegründete Seebad **Kölpinsee**
seinen Namen. Es versprüht die üb-
liche Seebäderatmosphäre mit bis
zu 50 Meter breitem Sandstrand.
Der Kurplatz mit Konzertmuschel
befindet sich direkt am See. Seit
Sommer 2015 schmückt eine neue
Promenade auf 750 Metern Länge
den Strandabschnitt zwischen Kölpinsee und Stubbenfelde. Es gibt
u. a. einen Mehrgenerationen-

spielplatz, der auch ältere Menschen fit halten soll. Drei Hotspots
für den kostenlosen Internetzugang wurden ebenfalls installiert.

Loddin, am Achterwasser gelegen, ist im Gegensatz dazu von
reetgedeckten Häusern und einem kleinen Hafen geprägt. Das
älteste Haus Loddins ist datiert
um 1600. Der **nördlichste Weinberg Deutschlands** befindet sich
oberhalb des Fischrestaurants
Waterblick mit 99 Rebstöcken,
überwiegend Cabernet Sauvig-
non und Chardonnay.

Dem alten Fischerdorf schließt
sich südlich das **Loddiner Höft** an,
eine in das Achterwasser ragen-
de idyllische Halbinsel, die man
auf einem Rundweg umwandern
kann. Einen wunderbaren Panoramablick auf die Halbinseln Gnitz
und Lieper Winkel sowie über
die vorpommersche Festlandküs-
te bietet die Steilküste über dem
Westufer. In **Stubbenfelde** befindet sich ein großer Campingplatz.

ℹ Tourist Information ➡ C5

Strandstr. 23
17459 Loddin
✆ (03 83 75) 227 80
www.seebad-loddin.de
Okt.–April Mo, Mi–Fr 9–16, Di 9–18,
Mai/Juni, Sept. Mo–Fr 9–18, Sa

*Ökologisch sinnvoll und attraktiv: die für Usedom typischen
Reetdachhäuser*

9–12, Juli/Aug. Mo–Fr 9–18, Sa/So 9–12 Uhr

🏛 Heimatstube Kölpinsee
➡ C5
Bahnhof, 17459 Kölpinsee
📞 (03 83 75) 224 50
Di, Do 15–17 Uhr
Im Bahnhofsgebäude wird die Geschichte des Seebads Kölpinsee und des Bauern- und Fischerdorfes Loddin lebendig mit alten Arbeitsgeräten von Bauern und Fischern. Die Küche und das Wohnzimmer der Heimatstube wurden originalgetreu so eingerichtet, wie es um 1900 üblich war. Außerdem gibt es eine Bernsteinsammlung.

🚻✖🏃 Kölpinsee ➡ C5
Der 28 ha große See mit der Liebesinsel, der einst eine Meeresbucht war, ist seit 1930 durch einen Deich von der Ostsee getrennt. Kölpin bedeutet im Slawischen Schwan, auch heute noch brüten hier mehrere Exemplare. Hier kann man rudern, Tretboot fahren, angeln und im Winter wunderbar Schlittschuh laufen. Jährlich an Pfingsten findet ein Fackelschwimmen statt. Ein Rundweg führt um den See.

✖ Stranddistel ➡ C5
Promenadenplatz 8, Kölpinsee
📞 0174-422 14 20, tägl. 12–21 Uhr
Zwischen Kölpinsee und Strand kommt frischer Fisch auf den Tisch, u. a. mit regionalem Gemüse. €€

✖🚻 Waterblick ➡ C5
Am Mühlenberg 5, Loddin
📞 (03 83 75) 202 94
www.waterblick.de
Tägl. ab 11.30 Uhr
Ausgezeichnetes Fischrestaurant am Achterwasser. Am Südhang hinter dem Restaurant ist Deutschlands nördlichster Weinberg entstanden. Gut einkaufen kann man im hübschen Laden mit Delikatessen, u. a. auch aus eigener Herstellung. €€

✖ Fischimbiss und Räucherei Hengstler ➡ C5
Strandstr. 40 D, Kölpinsee
📞 0174-610 62 71
Tägl. 9–18, Fr–So 9–15 Uhr
Sehr leckere Fischbrötchen, auch Zander schmeckt hier gut. Ideal für eine Mahlzeit am Strand. €

🚻 Bernsteinbasar ➡ C5
Waldsiedlung 4, Loddin
📞 (03 83 75) 206 49
Tägl. 16–19 Uhr
Hans-Jürgen Schwarzenholz weiß alles über Bernstein und fertigt daraus u. a. Schmuck. Die in seiner Werkstatt bearbeiteten Exponate können erworben werden. Mit kleiner Ausstellung.

✖✖ Kikis Bootsverleih
➡ C5
Dorfstr. 36, Loddin
📞 0170-340 20 30
Tägl. ab 10 Uhr, Boote € 10/Std., Motorboot € 25/Std.
Mit Tretbooten in Schwanform über das Achterwasser schippern oder im Kajak, Ruderboot oder Kanadier die Gegend erkunden. Mit Restaurant und kleinem Aussichtsturm.

Ostseebad Ückeritz ➡ C5
Das waldreiche einstige Fischer- und Bauerndorf mit heute etwa 1000 Einwohnern liegt hauptsächlich am Achterwasser. Allein der Campingplatz hat direkte Ostseeanbindung, deshalb ist am Strandabschnitt von Ückeritz in der sommerlichen Hochsaison auch Trubel angesagt.

Der **Naturcampingplatz Ückeritz** soll zu DDR-Zeiten der größte Campingplatz Europas gewesen sein, der rund 20 000 Personen ein Freiluftquartier bieten konnte. Heute, geschrumpft und modernisiert, erstreckt er sich immerhin noch 4,5 Kilometer entlang der flachen Ostseeküste. Ein Teil des Strandes, etwas südlich von

Im Gesteinsgarten von Neu Pudagla

Ückeritz, verläuft hinter einer Steilküste.

Der Tourismus begann in Ückeritz recht früh, denn hier wurde bereits 1388 eine Herberge beantragt und gebaut – die erste der gesamten Insel. Richtig los ging es aber erst im 19. Jahrhundert, und in den 1930er Jahren galt der Ort als wichtige Künstlerkolonie. Sie wurde zur Heimat von Malern wie **Otto Manigk** und **Karen Schacht**.

Schon seit 1740 wird hier außerdem auf Bildung Wert gelegt, als hier der erste Schulhalter eingestellt wurde. Seit 1929 hat Ückeritz eine Schule und ist bis heute Schulzentrum für die umliegenden Gemeinden.

Zu Ückeritz gehört der rund einen Kilometer südlich gelegene **Hafen Stagnieß** und das benachbarte **Neu Pudagla**, eine Ansammlung von Gehöften mit über 160 Jahre altem Forstamt, wo heute ein **Gesteinsgarten**, das **Usedomer Waldkabinett** und ein **Kletterwald** Besuchermagneten sind. Hier hält daher auch die Usedomer Bäderbahn (UBB).

🛈 Tourist Information ➡ C5
Bäderstr. 5, 17459 Ückeritz
✆ (03 83 75) 25 20
www.ueckeritz.de
Mai/Juni, Sept. Mo–Fr 9–18, Sa 9–12, Juli/Aug. auch So 9–12, Okt.–April Mo–Fr 9–16 Uhr

🏛🚏♿ Usedomer Waldkabinett und -lehrpfad ➡ C5
Südl. von Ückeritz am Forstamt Neu Pudagla
✆ (03 83 75) 204 60
Mai–Okt. tägl. 7.30–18 Uhr
Wissenswertes über Pilze, Hölzer und Pflanzen des Waldes in der Scheune des Forstamtes. Mit Tastbox und Naturquiz für Kinder. Ein Waldlehrpfad mit Schautafeln führt zu seltenen Bäumen, Vogelnistplätzen und Insektenhotels.

📷 Gesteinsgarten ➡ C5
Südl. von Ückeritz am Forstamt Neu Pudagla
✆ (03 83 75) 204 60
Frei zugänglich
Eintritt frei
Rund 150 Findlinge, die vor ca. 13 000 Jahren von Gletschern am Ende der Eiszeit aus Skandinavien hierher transportiert wurden, können auf einem Lehrpfad bewundert werden. Der größte wiegt über 8 t, der älteste ist rund 2 Milliarden Jahre alt.

🔭🚏 Wockninsee ➡ C5
Der kleine See liegt mitten im Naturschutzgebiet und ein Lehrpfad führt durch die Idylle aus Moor, Schilf und vielen seltenen Pflanzen wie Sumpfveilchen und Sonnentau. Hier soll es auch noch Sumpfschildkröten geben.

✉🚏✉ Café Knatter und Windsport Usedom ➡ C5
Hauptstr. 36, Ückeritz
✆ (03 83 75) 229 66
www.cafe-knatter.de
Tägl. ab 12 Uhr
Wunderbare Terrasse am Achterwasser, internationale Küche u. a.

mit regionalen Zutaten. Mit **Surf- und Segelschule** sowie Pension.

☒ ⌂ Dorfgasthof Deutsches Haus → C5
Nebenstr. 1, Ückeritz
✆ (03 83 75) 209 40
www.deutsches-haus-ueckeritz.de
Tägl. außer Di 12–14.30 und 17.30–23 Uhr
Über 200 Jahre alter uriger Gasthof mit gutbürgerlicher Küche, die regionale Zutaten schätzt und heimischen Rezepten nicht abgeneigt ist. Donnerstag ist Spanferkel-Tag. Drei gemütliche Gästezimmer. €–€€

☕ ☒ Strandcafé Utkiek → C5
Strandpromenade
Ückeritz
✆ (03 83 75) 204 08
www.utkiek-ueckeritz.de
Tägl. 10–21, im Sommer ab 8 Uhr
Mit schönem Ausblick auf den Strand Kaffee trinken oder Fisch essen mit Bratkartoffeln. Spezialität ist Ostseebruschetta aus Hering.

♊ ☒ Usedomer Wildmarkt → C5
Südl. von Ückeritz am Forstamt Neu Pudagla
✆ (03 83 75) 204 60
www.wald-mv.de
Mai–Okt. tägl. 10–18 Uhr
Verkauf von Wildfleisch und klei-ner Imbiss am Forsthaus neben dem Gesteinsgarten.

🧗 🎯 Kletterwald Usedom → C5
1,5 km südl. von Ückeritz am Forstamt Neu Pudagla
✆ (03 83 78) 226 77
www.kletterwald-usedom.de
Juli/Aug. tägl. 9.30–19, April–Juni Di–So 10–18 Uhr, Nov.–Mitte April geschl., Eintritt € 18/16, Familienrabatt € 2/Pers., Affenbaum € 5
Sechs Parcours mit 102 Kletterelementen für alle ab 6 Jahre. Am sogenannten Affenbaum kann man auf drei verschiedenen Strecken 20 Min. in die Höhe klettern.

🚢 Ückeritzer Personenschifffahrt → C5
Hafen Stagnieß, 1 km südl. von Ückeritz
✆ 0171-651 47 69
www.ms-astor.de/fahrplan-stagniess.html
April–Mitte Okt.
Achterwasser € 15/8, Mondscheinfahrt € 18/9
Zweistündige Ausflugsfahrten auf dem Achterwasser Richtung Zinnowitz, zum Anleger Netzelkow auf der Halbinsel Gnitz (vgl. S. 38) oder nach Neppermin und Rankwitz (Lieper Winkel). Es gibt in der Hauptsaison auch Mondscheinfahrten. Mit Fahrradtransport.

Pommersche Bucht

Usedoms beliebte Sandstrände erstrecken sich auf einer Gesamtlänge von 42 Kilometern an der Pommerschen Bucht: Ein Eldorado für Sonnenanbeter und Wassersportler. Als schönstes Teilstück gilt der Küstenstreifen zwischen Bansin und Ahlbeck, hier ist der Strand bis zu 70 Meter breit und aus feinem, weißem Sand. Der sanfte Übergang ins Flachwasser der Ostsee ist ideal für Familien mit Kleinkindern. Überwiegend tummeln sich hier die Feriengäste im Badedress (bewacht), es gibt aber auch FKK-Bereiche. Während der Hochsaison wird den Gästen auch am Strand einiges geboten, etwa Volleyball oder Strandgymnastik. Diverse Freizeitangebote wie Segeln, Surfen und Stehpaddeln lassen keine Langeweile aufkommen. Und wer ein Eis oder ein Würstchen will, kann sich an einer der zahlreichen Imbisse verpflegen.

Die Kaiserbäder

Die Reihenfolge der Vista Points entspricht dem Uferverlauf von Nord nach Süd.

Ahlbeck, Heringsdorf, Bansin und das auf der polnischen Seite Usedoms gelegene Swinemünde sind die Kaiserbäder der Insel. Bereits im 19. Jahrhundert traten die ersten drei als Seebäder in Erscheinung. Adel und zu Wohlstand gekommenes Bürgertum flanierten hier und genossen die würzige Seeluft, das Badevergnügen an den bis zu 70 Meter breiten weißen Sandstränden an der Pommerschen Bucht und das gesellschaftliche Leben.

Vor allem in Heringsdorf hielt sich Kaiser Wilhelm II., der als Namenspatron der Bäder gelten darf, häufig auf. Aber auch Künstler und Intellektuelle wie Thomas und Heinrich Mann, Leo Tolstoi oder Johann Strauß gehörten zu den Gästen. Das ist lange her, doch die mondäne Atmosphäre und der Geist dieses vergangenen Zeitalters sind auch heute noch zu spüren, besonders angesichts der gründerzeitlichen Bäderarchitektur.

Eine zwölf Kilometer lange, durchgehende ❹ **Strandpromenade** führt seit 2011 von Bansin über Heringsdorf und Ahlbeck bis ins polnische Swinemünde. Die eindrucksvollen Wahrzeichen der längsten Strandpromenade Europas sind die Seebrücken und die wunderschönen Villen. Wer nicht so gut zu Fuß ist: Die drei Ostseebäder werden auch mit einer Bimmelbahn, dem Kaiserbäder-Express, im Rahmen einer Rundfahrt verbunden. Und natürlich kann man auch die Usedomer Bäderbahn (UBB) nutzen, um von einem zum nächsten Ostseebad zu fahren.

Ostseeheilbad Bansin
➡ C6

Die vor 900 Jahren am Nordufer des Gothensees, des größten Binnensees von Usedom, lebenden Slawen gaben dem Ort den Namen *Banzino*. Im Mittelalter dann Eigentum des Klosters Pudagla wurde die bäuerliche Siedlung nach der Reformation schließlich Eigentum der Familie Labahn. Noch bis zur Mitte des 19. Jahrhunderts bestand das Dorf nur aus zwei Dutzend Gehöften, deren Einwohner Landwirtschaft und Fischerei betrieben.

Die unberührten Strände und Wälder waren jedoch für die immer zahlreicheren Sommerfrischler des benachbarten Seebads

Schon Ende des 19. Jahrhunderts beliebtes Feriendomizil: Kaiserbad Bansin

Heringsdorf eine willkommene Abwechslung.

Als sich dann 1895 die Aktiengesellschaft von Heringsdorf für diesen Strandstreifen interessierte, verkauften viele Alteingesessene den »unbrauchbaren« Teil ihrer Parzellen voreilig zum Spottpreis. Nachdem die Dörfler ihren Fehler erkannten, gründeten sie 1896 eine Badegenossenschaft und kauften den Strand zur Errichtung von Badehäusern teuer zurück. Der 1897 offiziell gegründete Kurort entwickelte sich in kürzester Zeit zum kleinen, aber feinen Feriendomizil für Hochadel, Intelligenz und Staatsbedienstete.

Mehr denn je ist das kleinste der Kaiserbäder (2500 Einwohner) wegen seiner reizenden Beschaulichkeit beliebt.

Nachbau der in der Kaiserzeit genutzten Badekarren in Bansin

🛈 Tourist Information ➡ aB2
Haus des Gastes
An der Seebrücke
17429 Seeheilbad Bansin
✆ (03 83 78) 470 50
www.drei-kaiserbaeder.de
Juni–Sept. Mo–Fr 9–18, Sa/So 10–15, April, Okt. Mo–Fr 9–17, Sa/So 10–13, Mai Mo–Fr 9–18, Sa/So 10–15, Nov.–März Mo–Fr 9–16, Sa/So 10–12 Uhr
Tickets für Veranstaltungen und die Usedomer Bäderbahn (UBB).

🏛 Hans-Werner-Richter-Haus
➡ aB2
Waldstr. 1, Bansin
✆ (03 83 78) 478 01
Juli/Aug. Di–Fr 10–18, Sa/So 12–18, Sept.–Juni Di–Fr 10–16, Sa/So 12–16 Uhr
Eintritt € 3
Im ehemaligen Feuerwehrhaus wird des berühmtesten Bansiners gedacht, des Schriftstellers und Kopfs der Gruppe 47 Hans Werner Richter. Besichtigt werden können u. a. eine Bibliothek und ein rekonstruiertes Arbeitszimmer. Lesungen finden regelmäßig statt.

🏛 Rolf-Werner-Gedenkatelier
➡ aB2
Seestr. 60, Bansin
✆ (03 83 78) 292 28
Nur Führungen, tägl. 11, Di, Do, Sa/So auch 14.30 Uhr
Eintritt € 2
Im ehemaligen Wohn- und Atelierhaus des bekannten Bansiner Malers Rolf Werner (1916–89) befindet sich seit dem Tod des Künstlers eine Dauerausstellung über sein Leben und sein Werk. Staffeleien, Malutensilien und Bilder lassen den Eindruck entstehen, der Künstler sei »eben mal kurz außer Haus«.

👁🎵 Waldkirche ➡ aB2
Kirch-/Waldstr., Bansin
✆ (03 83 78) 294 07
www.kirche-heringsdorf.de
Tägl. 10–15 Uhr
Am Ortsrand im Bansiner Wald lädt das schlichte Gotteshaus von 1939 Besucher ein, innezuhalten. Besonders sehenswert ist das asymmetrische Altarkreuz. Mit Konzerten im Sommer.

🌿🐚 Tropenhaus Bansin ➡ aB2
Goethestr. 10, Bansin
✆ (03 83 78) 25 40
www.tropenhaus-bansin.eu
April–Sept. tägl. 10–18, sonst 10–16 Uhr
Eintritt € 6/4
Der von Hans Adomat 1968 geschaffene Tier- und Pflanzenpark wurde 1995 in die Ferienanlage Tropenhaus Bansin integriert und

Bansin ist das kleinste der Kaiserbäder und wegen seiner Beschaulichkeit beliebt

2013 umfassend saniert. Bei tropischen Temperaturen tummeln sich exotische und heimische Tiere (u. a. Schlangen, Papageien, Schildkröten, Ziegen). Neu: Dschungelspielplatz.

☒ Fischkopp ➡ aB2
Seestr. 66, Bansin
☎ (03 83 78) 806 23
www.fischkopp-bansin.de
Tägl. ab 12 Uhr
Die Küche des maritim eingerichteten Lokals hält vor allem deftige Fischgerichte bereit. €€

☒ 👥 Domkes lüttes Fischhus ➡ aB2
Seestr. 2, Bansin
☎ 0172-394 26 44
www.fischdomke.de/domkes-luettes-fischhus
Tägl. 9–21, im Winter bis 20 Uhr
2015 eröffnetes Selbstbedienungslokal mit vielen frisch zubereiteten Fischgerichten. €

☕ Café Asgard ➡ aB2
Strandpromenade 15, Bansin
☎ (03 83 78) 294 88
Tägl. außer Mo 12–18 Uhr
Eine der ersten Adressen von Usedom an der Bummelmeile mit Ostseeblick. Feine Torten und Kuchen aus der hauseigenen Konditorei.

🚌 📷 Insel-Bustour ➡ aB2
Schulstr., Bansin
☎ (03 83 78) 284 67
www.kaiserbaeder-express.de
Termine siehe Internet
€ 17/13 (3–12 J.)
Tagestour (6,5 Stunden) über die Insel Usedom mit Erklärungen und Stopps, etwa an der Eisenhubbrücke bei Karnin.

🚌 Polen-Bustour ➡ aB2
Seestraße, Bansin
☎ 0173-152 65 56
www.cyrus-tours.pl
Termine siehe Internet
Kolberg, Stettin € 25/20, Insel Wollin € 21/15 (jeweils 8 Std.)
Tagestouren mit dem Bus nach Polen zur Insel Wollin, nach Kolberg oder Stettin.

🚢 ⛴ Adler-Schiffe ➡ aA2
Seebrücke, Bansin
☎ 018 05-12 33 44 (0,14 €/Min. aus dem dt. Festnetz, mobil max. 0,42 €/Min.)
www.adler-schiffe.de
Hin- und Rückfahrt Swinemünde € 17/9, Familien € 43, Hafenrundfahrten € 19/10, Familien € 48, Kinder bis 6 J. frei
Verschiedene Ausflugsfahrten nach Swinemünde (Polen) und Wollin (Polen) sowie Seebrückenhopping.

🔲 **Seetierfang mit Kutter »Palucca«** ➡ aA2
Seebrücke, Bansin
Vgl. S. 56 Heringsdorf.

Ausflugsziele:

Blick auf sieben Gewässer der Umgebung bei Alt-Sallenthin

◉ ◉ **❺ Sieben-Seen-Blick** ➡ D6
Eine schöne Sicht auf die sieben umliegenden Binnenseen Schmollensee, Gothensee, Schloonsee, Kachliner See, Wolgastsee, Kleiner und Großer Krebssee sowie auf das Achterwasser und die Ostsee bietet sich von einem hölzernen Aussichtsturm südwestlich von Bansin. Der östlich gelegene **Gothensee** ist mit 5,3 km Länge und bis zu 1,3 km Breite der größte See der Insel, im Schilfgürtel brüten Graugänse, Hockerschwäne, Kraniche und Kormorane. Auch der Fischotter ist hier noch anzutreffen. Der 3,7 km lange und bis zu 2 km breite **Schmollensee** im Nordwesten ist der zweitgrößte See auf Usedom und wird ebenfalls von vielen Vögeln als Brutgebiet genutzt.

🔲 🔲 🔲 🔲 **Naturlehrpfad Mümmelkensee** ➡ C6
www.naturpark-usedom.de
Ein 5 km langer ausgeschilderter Pfad führt nordwestlich von Bansin durch das Naturschutzgebiet und Hochmoor am Mümmelkensee, der verträumt im Wald liegt und mit seinen gelben Teichrosen (niederdeutsch Mümmelken) hübsch anzusehen ist. Viele Vögel brüten hier, u.a. auch Eisvögel. Außerdem gibt es Hirsche und Rehe sowie seltene Pflanzen wie Sonnentau und Wollgras. Endpunkt ist ein Kliff, von dem man bei gutem Wetter bis Rügen sehen kann. Das Hochmoor ist das einzige auf der Insel, das niemals von Menschenhand kultiviert wurde.

Bäderarchitektur

Die faszinierende Bäderarchitektur ist auf Usedom fast überall an der Ostseeküste gegenwärtig. Mit dem Begriff »Bäderarchitektur« werden Bauten bezeichnet, die vom Anfang des 19. Jh. bis zum Ersten Weltkrieg in den Badeorten entstanden sind. Sie zeichnen sich durch die Verzierung mit Loggien, Brüstungen, Veranden, Erkern, Türmchen oder Säulen aus. Bauherren und Architekten waren überwiegend Einheimische und oft setzten die Baumeister individuelle Vorstellungen ihrer Auftraggeber um. Durch diesen freien Umgang mit unterschiedlichen Gestaltungselementen ergab sich eine Vielfalt, die noch heute den besonderen Reiz vieler Gebäude ausmacht. Liebevoll restaurierte Bauten sind vor allem an den Strandpromenaden der Insel Usedom, insbesondere in den Kaiserbädern, zu finden.

Die Seebrücke von Heringsdorf darf sich mit dem Titel »längste Seebrücke Kontinentaleuropas« schmücken (508 Meter)

👁🚋 Sellin ➜ D6

Eine schöner ausgeschilderter Spaziergang führt von Bansin aus vorbei an den beiden Krebsseen zum 4 km entfernten Dörfchen Sellin am Schmollensee mit hübsch restaurierten Fischerkaten, reetgedeckten Bauernhäusern und verwinkelten Gässchen.

Ostseeheilbad Heringsdorf
➜ D6

Die Geschichte der einstigen Fischerkolonie mit heute etwa 3600 Einwohnern geht zurück auf das Jahr 1819, als auch die staatliche Förderung der Strandfischerei auf Usedom begann. 1820 besuchte Preußenkönig Friedrich Wilhelm III. mit seinen Söhnen Kronprinz Friedrich Wilhelm und Wilhelm (dem späteren Kaiser) die Salzhütten der noch namenlosen Fischersiedlung. Bei der Suche nach einem Namen fiel dem Kronprinzen nur »Heringsdorf« ein.

Das Badezeitalter begann schon 1824 mit der Errichtung der »Bülowschen Badeanstalt« und bald wurde Heringsdorf (seit 1879 mit Neukrug vereint) zu einem beliebten Reiseziel für die »höheren Kreise« und die königliche Familie sowie zum Modebad für die Berliner High Society und Hochfinanz.

Von seiner Anziehungskraft hat das sogenannte Nizza des Ostens mit der längsten kontinentalen **Seebrücke** Europas (508 m) bis heute nichts eingebüßt.

Ein Bummel entlang der villengesäumten ❽ **Strandpromenade** bis nach Ahlbeck oder sogar noch weiter bis nach Swinemünde ist ein Höhepunkt des Usedom-Urlaubs.

ℹ **Tourist Information** ➜ dD3
Kulmstr. 33
17424 Heringsdorf
✆ (03 83 78) 24 51
www.drei-kaiserbaeder.de
Öffnungszeiten vgl. Bansin S. 49.

ℹ **Gemeindebibliothek Maxim Gorki** ➜ dB3
Delbrückstr. 69, Heringsdorf
✆ (03 83 78) 222 93
Mo/Di, Do/Fr 9–12 und 13.30–17, Sa 9–12 Uhr
Kinder- und Erwachsenenliteratur im hübschen Backsteinbau, in dem sich früher der Sitz der Aktiengesellschaft Seebad Heringsdorf der Gebrüder Delbrück befand. Neben der Belletristik gibt es eine Auswahl Sachbücher auch über die Insel und die Region.

🚲 **Mietrad-Station** ➜ dB2
Badstr. 3, Heringsdorf
✆ (03 83 78) 49 72 06
www.mietrad-station.de
Tägl. 8–18 Uhr, Räder ab € 4,50

E-Bikes, Tourenräder und Kinderanhänger oder -sitze.

🏛 Kunstpavillon ➜ dD3
Promenade am Rosengarten
Heringsdorf
✆ (0 38 78) 228 77
www.kunstpavillon-ostseebad-
heringsdorf.de, Mi–So 15–18 Uhr
Im Kunstpavillon, einem Glas-
rundbau von 1973, zeigt der Usedomer Kunstverein regelmäßig
wechselnde Ausstellungen moderner Kunst, vorwiegend von
Künstlern aus der Region.

🏛 Villa Irmgard ➜ dA1
Maxim-Gorki-Str. 13, Heringsdorf
✆ (03 83 78) 223 61
Mai–Sept. tägl. außer Mo 10–18
Uhr, sonst kürzer
Eintritt € 4, Kinder frei
Die ehemalige Bankiersvilla
zeigt wechselnde Ausstellungen
und informiert über die Ortsgeschichte sowie über bekannte Per-
sönlichkeiten, die hier logierten,
etwa Maxim Gorki. Der russische
Dichter weilte hier im Jahr 1922
mehr als fünf Monate lang auf
Drängen von Lenin, um sein chro-
nisches Lungenleiden zu kurieren.

👁🎵 Kirche im Walde ➜ dB2
Rudolf-Breitscheid-Straße
Heringsdorf
✆ (0 38 78) 224 88
www.kirche-heringsdorf.de
Mai–Sept. So–Fr 11–18, Sa 15–18
Uhr, im Winter tel. erfragen
1848 nach Plänen von Ludwig
Persius erbaut, erstaunt die Kirche oberhalb des Seebads durch
ihre Größe in dem damals doch
noch kleinen Seebad. Eindrück-
lich ist eine Holzstatue von Mar-
tin Luther. Konzerte während der
Sommersaison.

👁🦋 Naturerlebniswelt ➜ dB2
Neuhofer Str. 75, Heringsdorf
✆ (0 38 78) 49 86 74
www.schmetterlingsfarm.de/
heringsdorf

Tägl. 10–18, im Winter bis 16 Uhr
Kombi-Eintritt (gilt u. a. auch
für die Schmetterlingsfarm
Trassenheide) € 14/8 (4–14 J.),
Familien € 28
Schwerpunkte der Ausstellung bilden Insekten, tropische Fische, Fos-
silien und Mineralien. Höhepunkt:
die Amethysthöhle, die aus
5000 dieser violettfarbenen Edel-
steine zusammengesetzt wurde.

**👁🏛🎠🛍 Seebrücke
Heringsdorf** ➜ dB3
Strandpromenade 1, Heringsdorf
Als besondere Erlebnismeile gilt
die 508 m lange Seebrücke. Zum
1995 eröffneten Brückenkom-
plex gehören das Landgebäude
und der überdachte Seesteg mit
dem Brückenkopf. In den so ent-
standenen **Passagen** befinden
sich über 20 Geschäfte, u. a. Sou-
venirladen, Juwelier, Drogerie,
Teeladen, Spielzeuggeschäft sowie Boutiquen, gastronomische
Einrichtungen und das kleine
Muschelmuseum (tägl. Juni–Aug.
10–21, Sept.–Mai 10–18 Uhr, Eintritt € 3/1,50). Von hier starten
auch Ausflugsschiffe.

**👁 Volkssternwarte »Manfred
von Ardenne«** ➜ dB3
Rechts neben der Seebrücke
Heringsdorf
✆ (03 83 78) 47 16 50
www.sternwarte-usedom.de
Programm siehe Internet
Eintritt € 5/3
Experten zeigen und erklären
einzelne Sternbilder und verraten
auch sonst einiges über die Milch-

*Die Villa Oechsler gilt als eine der
schönsten Villen von Heringsdorf*

straße und ferne Planeten. Außerdem gibt es interessante Diavorträge und Führungen. Benannt nach dem Physiker und Erfinder des Rasterelektronenmikroskops.

Tom Wickboldt ➡ dB3
Im Hotel Esplanade
Seestr. 5, Heringsdorf
✆ (03 83 78) 700
www.restaurant-wickboldt.de
Mi–Sa 18–22.30 Uhr
Einziges Lokal auf Usedom, das der Guide Michelin 2014 mit einem Stern gekrönt hat. Gehobene französische Küche aus regionalen Zutaten. €€€

Kulm Eck ➡ dB2
Kulmstr. 17, Heringsdorf
✆ (03 83 78) 225 60
www.kulm-eck.de
April–Okt. tägl. außer Mo 18–24, Nov.–März Di–Sa 18–22 Uhr
Schon seit über 80 Jahren ist dieses Haus eine gefragte Adresse für Feinschmecker. Jetzt bieten Inhaber Brian Seifert und sein Team frische regionale Gerichte aus der feinen Kräuterküche. €€–€€€

Lutter & Wegner ➡ dB3
Kulmstr. 3, Heringsdorf
✆ (03 83 78) 221 25
Tägl. 11–22 Uhr, Winter So geschl.
Exquisites Feinkostgeschäft mit Bistro. €€–€€€

Herrschaftliche Villen – wie die Villa Staudt –säumen auch die Strandpromenade zwischen Heringsdorf und Ahlbeck

Essbar ➡ dB3
Delbrückstr. 1–4, Heringsdorf
✆ 0172-447 51 60
www.bio-essbar.de
Juni–Aug. Mo–Sa 10–20, So 12–20, Sept.–Mai. tägl. außer So 10–18 Uhr
Frische saisonale Bio-Küche mit vegetarischen und auch veganen Gerichten, etwa Hanfspaghetti mit Basilikumpesto oder Dinkelpfannkuchen gefüllt mit Gemüse. Fleischeslustige wählen Burger und Steaks. €€

Usedomer Brauhaus ➡ dC3
Platz des Friedens, Heringsdorf
✆ (03 83 78) 614 21
www.facebook.com/Usedomer.Brauhaus, tägl. ab 12 Uhr
Uriges Restaurant, das neben deftigen Speisen sechs Biersorten aus der hauseigenen Brauerei anbietet. In der Destillerie entstehen edle Tropfen aus Sanddorn, Kirsche und Kräutern. Mit Biergarten. Ab und zu gibt's Livemusik. €–€€

Domkes Fischpavillon ➡ dC3
Friedenstr. 12/Brunnenstraße Heringsdorf
✆ 0172-394 26 44
www.fischdomke.de/domkes-fischpavillon
Tägl. 9–21, im Winter bis 20 Uhr
Schönes Ambiente in einer historischen Strandhalle, dazu frischer Fisch in vielen Variationen sowie Kartoffelpuffer für die Kinder. €

Safari Bar ➡ südl. dC3
Liehrstr. 10, Heringsdorf
✆ (03 83 78) 23 20
www.strandhotel-heringsdorf.de
Tägl. ab 12 Uhr
Kreativ gestaltete Cocktailbar an der Promenade im Strandhotel Heringsdorf mit Loungemöbeln und illuminierten Trophäen an den Wänden. Immer wieder mal Livemusik und Weinseminare.

Strandkorbmanufaktur Korbwerk GmbH ➡ dC3
Waldbühnenweg 3
Heringsdorf
℡ (03 83 78) 46 50 50
www.korbgmbh.de
Mo–Fr 10–18, Sa 10–15 Uhr
Führung nach Absprache (ab 10 Pers.)
In der weltältesten Manufaktur dieser Art kann man sich einen Strandkorb für den heimischen Garten anfertigen lassen.

Kunsteislaufbahn ➡ dC3
Strandpromenade, Heringsdorf
℡ 0152-54 97 19 25
www.eisarena-insel-usedom.de
Nov.–Anfang März Di, Do, So 14–19, Mi 14–17, Fr/Sa bis 21 Uhr
Eintritt € 4/2, Familien € 8, Leihschuhe € 3/2
Der Platz an der Strandpromenade, auf dem im Sommer das Theaterzelt Chapeau Rouge gastiert, lädt in der kalten Jahreszeit zum Schlittschuhlaufen ein: Pirouetten und Runden drehen, Eisstock schießen oder bei einem Eishockeyspiel zuschauen.

MEERness Spa ➡ dB3
Im Strandhotel Ostseeblick
Kulmstr. 28, Heringsdorf
℡ (03 83 78) 540
www.strandhotel-ostseeblick.de
Luxus-Wellness mit Beauty-Lounge, Pool, Massagen und speziellen Anwendungen mit Sanddornöl, Salz und Honig.

Shehrazade ➡ dB3
In der Ostseeresidenz Heringsdorf
Seestr. 41, Heringsdorf
℡ (03 83 78) 470 20, www.seetel.de
Wellnessoase mit Beauty-Anwendungen, Massagen, Saunen, Sonnenterrasse, Pool und einem Beduinenzelt als Ruhezone. Kinderbecken mit Wasserfall.

Sindbadtherme ➡ südl. dC3
Im Strandhotel Heringsdorf

Liehrstr. 10, Heringsdorf
℡ (03 83 78) 23 20
www.strandhotel-heringsdorf.de
Orientalisch gestalteter Wellnessbereich mit Pool (innen und außen), Panoramasauna mit Seeblick, Dampfbad etc.

Insel-Bustour ➡ dB3
Strandpromenade vor dem Maritim Hotel Kaiserhof, Heringsdorf
℡ (03 83 78) 284 67
www.kaiserbaeder-express.de
Termine siehe Internet
€ 17/13 (3–12 J.)
Tagestour (6,5 Stunden) über die Insel Usedom mit Erklärungen und Stopps, etwa an der Eisenhubbrücke bei Karnin.

Polen-Bustour ➡ dB3
Strandpromenade vor dem Maritim Hotel Kaiserhof, Heringsdorf
℡ 0173-152 65 56
www.cyrus-tours.pl
Termine siehe Internet
Kolberg, Stettin € 25/20, Insel Wollin € 21/15 (jeweils 8 Std.)
Tagestouren mit dem Bus nach Polen zur Insel Wollin, nach Kolberg oder Stettin.

Adler-Schiffe ➡ dB3
Seebrücke, Heringsdorf
℡ 01805-12 33 44
www.adler-schiffe.de
April–Okt.
Hin- und Rückfahrt Swinemünde € 17/9, Familien € 43, Hafenrundfahrten € 19/10, Familien € 48, Kinder bis 6 J. frei
Verschiedene Ausflugsfahrten nach Swinemünde (Polen) und Wollin (Polen) sowie Seebrückenhopping und Tagesausflug nach Zinnowitz.

Segeltörn mit der »Santa Barbara Anna« ➡ dB3
Seebrücke, Heringsdorf
℡ 01805-12 33 44
www.adler-schiffe.de
Juli/Aug., Ticket € 44/29
An Bord des Dreimast-Schoners

kann man vier Stunden lang auf der Ostsee Skipper spielen und sich den Wind um die Nase wehen lassen. Ein tolles Erlebnis!

❻ Seetierfang mit Kutter »Palucca« ➨ dB3
Seebrücke, Heringsdorf
☎ 01805-12 33 44
www.adler-schiffe.de
Mai–Okt.
Ticket € 16/11, Familien € 43
Eine Biologiestunde der besonderen Art bietet die Fahrt mit dem Kutter. Krebse, Muscheln, kleine Fische und anderes Seegetier werden vom Grund geholt und können an Bord aus der Nähe betrachtet und sogar (vorsichtig) angefasst werden. Die Bordcrew erläutert den Fang ausführlich und entlässt die Kleintiere am Ende der Fahrt wieder in die Freiheit.

Chapeau Rouge ➨ bD6
Strandpromenade, Heringsdorf
☎ (03 83 78) 291 71
www.chapeau-rouge.de
Spielzeit Juni–Anfang Sept.
Im Jahr 1993 hat die Vorpommersche Landesbühne ihren Spielbetrieb in dem roten Theaterzelt (250 Plätze) aufgenommen. Und schon jetzt wäre Heringsdorf ohne den »Kulturtempel« mit der ungewöhnlichen Atmosphäre kaum vorstellbar. Fast täglich finden Aufführungen für Kinder und Erwachsene statt, auch Märchen und Revuen stehen auf dem Programm.

Kleinkunstfestival ➨ dB3
Strandpromenade, Heringsdorf
☎ (03 83 78) 244 24
www.kleinkunst-festival.com
Rund 30 Straßenkünstler und Künstlergruppen aus aller Welt verwandeln jährlich an Pfingsten die Promenade rund um die Seebrücke in eine stimmungsvolle Festivalbühne. Höhepunkte sind das Varieté am Meer im Kaiserbädersaal und die Preisverleihung in der Konzertmuschel. Mit Kinderprogramm.

Ausflugsziel:

Naturschutzgebiet Gothensee und Thurbruch
➨ D6
www.naturpark-usedom.de
Östlich des Heringsdorfer Ortsteils Gothen führt ein Wander-

Usedomer Schweiz

Geformt durch gewaltige Gletscher der letzten Eiszeit, geht es im Hinterland der Kaiserbäder ziemlich hügelig zu – eine schöne und abwechslungsreiche Landschaft mit Wald, Wiesen und sieben Seen, die noch Überbleibsel einer ehemaligen Ostseebucht sind. Die Usedomer Schweiz erstreckt sich vom Gothensee über den Kachliner See und das Inselinnere bis nach Balm am Achterwasser. Im Zentrum befindet sich der Ort Benz mit seiner berühmten Feininger-Kirche. Vom Benzer Mühlenberg, auf dessen Kuppe die einzige Holländer-Windmühle der Insel steht, hat man einen schönen Blick.

Höchste Erhebung der Usedomer Schweiz ist mit 56 Metern der Kückelsberg zwischen Reetzow und Benz. Vom dortigen Aussichtsturm bietet sich eine gute Aussicht über das Land und auf den Schmollensee.

Die prächtige Dünenstraße von Ahlbeck

weg zum 32 m hohen Buchfinksberg mit schönem Rundblick über Thurbruch, Kaiserbäder und Gothensee. Der Name »Thur« geht zurück auf die Bezeichnung Ur für Auerochse. Heute tummeln sich hier Libellen, Schmetterlinge, Moorfrösche, Eisvögel, Fischotter, Graureiher und Seeadler.

Ostseeheilbad Ahlbeck ➡ D6/7
Eine Wassermühle (ursprünglich um 1700) an dem *Aal-Beek* (plattdeutsch: Aalbach) bildete die Keimzelle für die spätere Entstehung der Ortsteile Ahlbeck-Adlig (Eigentum des Guts Mellenthin, später Gothen) und Ahlbeck-Königlich (preußischer Staatsbesitz). Existierten im »adligen« Teil neben dem Mühlenhof zunächst nur eine Handvoll Büdnereien, ließ Friedrich Wilhelm II. am »königlichen« Bachufer ab 1771 »Colonisten« ansiedeln.

Die Badeära begann jedoch erst 1852, als der Stolper Gutspächter Holtz seine Kinder mit Badezelt zum Schwimmen an den Ostseestrand schickte. In den folgenden Jahren wurden hier die Sommerfrischler immer zahlreicher, und das seit 1882 vereinte

Ahlbeck etablierte sich bis zur Jahrhundertwende als familienfreundlicher Badeort für die breite Mittelschicht.

Heute gehört Ahlbeck mit 4000 Einwohnern neben Zinnowitz zu den größten Seebädern der Insel Usedom. Wahrzeichen des Kaiserbads sind die imposante **❼ Seebrücke** (280 m lang) mit dem türmchenverzierten Holzbau von 1898, der in Loriots »Pappa ante Portas« zu Filmruhm gelangte, und die **Jugendstiluhr** auf dem Platz vor der Seebrücke.

ℹ Tourist Information ➡ bB2
Dünenstr. 45
17419 Seeheilbad Ahlbeck
☎ (03 83 78) 49 93 50
www.drei-kaiserbaeder.de
Öffnungszeiten vgl. Bansin S. 49

🚲 Mietrad-Station ➡ bB1
Lindenstr. 76, Ahlbeck
☎ (03 83 78) 49 72 06
www.mietrad-station.de
Tägl. 8–18 Uhr, Räder ab € 4,50
E-Bikes, Tourenräder und Kinderanhänger oder -sitze.

◉ ♫ Ahlbecker Kirche ➡ bB2
Rudolf-Breitscheid-Straße
Heringsdorf

✆ (038378) 224 88
www.kirche-heringsdorf.de
Mai–Sept. Mo, Sa 13–18, Di–Fr
11–18 Uhr
1895 vollendet, ist der Bau im
Stil des Historismus nach Plänen
des Königlichen Regierungsbau-
meisters Gustav Werner erbaut
worden. Initiator des Kirchen-
baus war der Kantor und Lehrer
Johann Koch, daher ziert sein Por-
trait, gemalt von Theodor Ziegler,
die Mitte der schmalen Emporen-
seite. Konzerte im Sommer.

👁 **7 Seebrücke Ahlbeck** ➡ bB2
Nach ihrer Fertigstellung im Mai
1898 reichte die Brückenkonstruk-
tion etwa 170 m aufs Meer hinaus. 1941/42 zerstörten Sturmflut
und Eisgang den Seesteg und die
Landungsbrücke. Nach späterer
Teilsanierung 1951 und Moderni-
sierung 1973 erfolgte 1993/94 die
Verlängerung der Seebrücke auf
280 m. Das Brückengebäude ist
dagegen von Witterungsunbilden
und Krieg verschont worden und
so als einziges im Ostseeraum im
Original erhalten geblieben. Der
charakteristische Holzbau mit den
vier Türmchen dient – schon wie
damals – als Restaurant.

❌ **Kaiserblick** ➡ bB2
Dünenstr. 47, Ahlbeck
✆ (03 83 78) 620, www.seetel.de
Tägl. 18–23.30 Uhr

Gehobene Küche an der Promenade mit schöner Terrasse und
stilvollem Ambiente. Spezialität
sind Sauerbraten vom Hirsch oder
vegetarische Steinpilz-Gnocchi.
Menü ab € 45. €€€

❌ **Restaurant Seebrücke** ➡ bB2
Auf der Seebrücke, Ahlbeck
✆ (03 83 78) 283 20
Tägl. ab 11 Uhr
Die Gaststätte auf der Seebrücke hat nostalgischen Charme.
Der verwinkelte Gastraum mit
urigen Holzmöbeln und gemütli-
chen Sitzecken hat Platz für über
hundert Gäste. Maritim präsentiert sich das Lokal im Lokal: »Die
Kogge«. Die Küche bereitet pommersche und andere Gerichte; zur
Kaffeezeit gibt's ein Kuchenbü-
fett. Hier schlägt die Atmosphäre
das kulinarische Angebot. €–€€

❌ **Carl's Kneipe** ➡ bB2
Seestr. 6 B, Ahlbeck
✆ (03 83 78) 304 37
Leckere Fischsuppe, selbst ge-
machte Kräutergnocchi oder
gegrilltes mediterranes Gemüse,
und das alles zu einem fairen
Preis. Schlichtes Ambiente. €

❌ 🛏 **Domkes Fischhus** ➡ bB2
Seestr. 24, Ahlbeck
✆ (03 83 78) 80 17 50
www.fischdomke.de/fischhus
Tägl. 9–21, im Winter bis 20 Uhr

Osterfeuer in Höhe der Ahlbecker Seebrücke

Imbiss-Lokal mit frischen Fischgerichten, auch Fischbrötchen, und schnellem Service. Mit Selbstbedienung. Der angebotene Fisch kann auch für zu Hause mitgenommen werden. Filialen zudem in Heringsdorf und Bansin. €

Konditorei-Café Villa Auguste Viktoria ➡ bB1
Bismarckstr. 1–2, Ahlbeck
☎ (03 83 78) 24 10
www.auguste-viktoria.de
Tägl. 8–19, im Winter bis 18 Uhr
Hübsches Café, das die Gäste den gesamten Tag mit selbst gebackenen Köstlichkeiten verwöhnt. Besonders beliebt ist die Sanddorntorte.

Weinbar Ahlbeck ➡ bB2
Dünenstr. 45, Ahlbeck
☎ (03 83 78) 47 06 70
www.weinladen-ahlbeck.de
Tägl. 10–22, im Winter 12–22 Uhr
Wein- und Whiskybar an der Promenade mit Köstlichkeiten aus der Region, u. a. Usedomer Inselkäse. Außerdem Tischwäsche und Geschenkartikel. Filiale in der Seestraße 1.

Ostseetherme ➡ bA1
Lindenstr. 60, Ahlbeck
☎ (03 83 78) 27 30
www.ostseetherme-usedom.de
Mo–Sa 10–22, So 10–20 Uhr, im Winter kürzer
Eintritt ab € 16 für 2 Std.
Exotische Badelandschaft unter einer gläsernen Sonnenkuppel. Sechs Schwimmbecken mit Wasserfällen, Grottenrutsche und Luftsprudelbecken versprechen großen Wasserspaß vor allem für die Kinder. Die Eltern können sich in der Sauna, im römischen Dampfbad oder bei Massagen entspannen.

Das Ahlbeck Hotel & Spa ➡ bB2
Dünenstr. 48, Ahlbeck
☎ (03 83 78) 499 45 00

Kiosk an der Strandpromenade von Ahlbeck

www.wellness-usedom.com
Mo–Sa 10–22, So 10–20 Uhr, im Winter kürzer
Eintritt ab € 16 für 2 Std.
Massagen, Kosmetik, Tepidarium, Dampfbad, Sanarium, Schwimmbad, Finnische Sauna und vieles mehr.

bluegreen usedom ➡ bB2
Goethestr. 30, Ahlbeck
☎ 0171-784 41 04
www.segtouren.de
Segway ab € 19, Fahrrad ab € 6, Elektroauto € 49/Tag
Mit dem elektrisch betriebenen Stehmobil Segway entlang der Promenade nach Swinemünde oder in die andere Richtung nach Bansin zu düsen, ist ein echter Spaß. Auch Verleih von Elektrofahrrädern und -autos sowie Rädern herkömmlicher Art.

Insel-Bustour ➡ bB2
Rathaus, Ahlbeck
☎ (03 83 78) 284 67
www.kaiserbaeder-express.de
Termine siehe Internet
€ 17/13 (3–12 J.)
Tagestour (6,5 Stunden) über die Insel Usedom mit Erklärungen und Stopps, etwa an der Eisenhubbrücke bei Karnin.

Polen-Bustour ➡ bB2
Dünenstr. 45

Ahlbeck
© 0173-152 65 56
www.cyrus-tours.pl
Termine siehe Internet
Kolberg, Stettin € 25/20, Insel
Wollin € 21/15 (jeweils 8 Std.)
Tagestouren mit dem Bus nach
Polen zur Insel Wollin, nach Kolberg oder Stettin.

Adler-Schiffe ➜ bB2

Seebrücke, Ahlbeck
© 01805-12 33 44
www.adler-schiffe.de
April–Okt.
Hin- und Rückfahrt Swinemünde
€ 17/9, Familien € 43, Swinemünder Hafenrundfahrten € 19/10,
Familien € 48, Kinder bis 6 J. frei
Usedom vom Wasser aus erkunden oder nach Swinemünde
schippern ist ein Erlebnis.

Seetierfang mit Kutter »Palucca« ➜ bB2

Seebrücke, Ahlbeck
Vgl. S. 56.

Beliebtes Ausflugsziel: Hotel »Idyll am Wolgastsee«

Sandskulpturen-Festival
➜ südl. cC3
Swinemünder Chaussee 16
Ahlbeck
www.sandskulpturen-usedom.de
April–Anfang Nov. tägl. 10–18 Uhr
Eintritt € 7,50/6,50, 4–12 J. € 4,50,
Familien € 20,50–22,50
Künstler aus aller Welt gestalten
aus dem Ostseesand Figuren und
Gebäude, jährlich zu einem anderen Thema. Kinder können im
Sandkasten oder an der Malstraße selbst kreativ werden. Mit Café
und Imbissangebot.

Ausflugsziele:

Wolgastsee ➜ D6
Der naturbelassene Binnensee inmitten der Hügellandschaft Usedomer Schweiz (vgl. Kasten S. 56)
lässt sich am besten vom Wasser
aus mit einem **Ruder- oder Tretboot** erkunden. Ein Bootsverleih
befindet sich direkt am See. Man
kann ihn aber auch zu Fuß umrunden. Von der Gartenterrasse
des Hotels **Idyll am Wolgastsee** in
Korswandt lässt sich das Treiben
beobachten.

Idyll am Wolgastsee
➜ D6
Hauptstr. 9, Korswandt
© (03 83 78) 221 16
www.urlaub-auf-usedom.de
Tägl. 7–22 Uhr
Wild- und Pilzgerichte mit Zutaten
aus der Umgebung, aber auch Eis
und Kuchen sind eine Versuchung
wert. Mit Bootsverleih und schöner Terrasse sowie 18 Zimmern unterschiedlicher Kategorien. €–€€

Tonwerk Keramik ➜ D6
Bergstr. 11, Korswandt
© (03 83 78) 49 95 98
www.tonwerk-keramik.de
Mo–Fr 10–13 Uhr und nach telefonischer Vereinbarung
Kleines Atelier von Daniel Graf
mit Keramiken und schönen
Wohnaccessoires.

Polnisches Usedom und Insel Wollin

Ostseebad Swinemünde/ Świnoujście ➡ D7

Swinemünde (41 300 Einwohner) war einst eines von Usedoms Kaiserbädern und gehört seit 1945 zu Polen. Als deutscher Besucher erreicht man Swinemünde am besten ohne Auto entweder zu Fuß oder mit dem Fahrrad über die zwölf Kilometer lange ④ **Strandpromenade**, die Bansin mit dem polnischen Seebad Swinemünde verbindet. An der Grenze kann man auf dem großen Markt zum Schnäppchenjäger werden. Auf der polnischen Seite erwartet den Besucher nostalgischer Zauber, so stehen schon Kutschen für die Fahrt in die Stadt bereit.

Die Mühlenbake ist ein Wahrzeichen von Swinemünde

Auch mit der Bäderbahn geht es nach Swinemünde oder noch schöner über das Wasser, bei einer kleinen Seefahrt beispielsweise von der Seebrücke Heringsdorf aus.

In Swinemünde begrüßen die markanten Molen und ihre Wahrzeichen die Seefahrer: **Stawa Młyny**, ein Navigationszeichen in Gestalt einer weißen Mühle, und der höchste **Leuchtturm** an der polnischen Ostseeküste. Neben diesem befindet sich die **Ostbatterie** (Fort Gerhard), Teil der Festung von Swinemünde. Gegenüber, am anderen Flussufer, steht das **Fort Engelsburg**.

Auch in Swinemünde hat der Zweite Weltkrieg seine Spuren hinterlassen. Am 12. März 1945 wurde die Stadt in Schutt und Asche gelegt, 20 000 Menschen starben. Die Bebauung ist heute ein Mix aus Bädervillen und modernisierten Plattenbauten.

Als Seebad und Kurort ist die Stadt immer noch ein Begriff. Im Kurviertel, das von der übrigen Stadt durch einen Park (entworfen von Peter Joseph Lenné) getrennt ist, gibt es die für Usedom typischen Villen im Seebäderstil, eine breite Promenade und einen noch breiteren Strand. Bis heute blieb das Flair von Preußens ehemaligem Seebad erhalten. Świnoujście, so der polnische Name, zählt auch in Polen zu den ersten Urlaubsadressen.

Swinemünde ist vor allem eine Handels- und Hafenstadt mit dem größten und modernsten Fährhafen in Polen und regelmäßigen Verbindungen zu Zielen in Dänemark und Schweden. Von dem bedeutenden Fährhafen aus, auf der Insel Wollin gelegen, starten die Schiffe nach Skandinavien, aber auch zu Hafenrundfahrten. Im ehemaligen Rathaus am Hafen kann man das **Seefahrt- und Fischereimuseum** besuchen. Eine Bimmelbahn führt im Rahmen einer Stadtrundfahrt an den wichtigsten Sehenswürdigkeiten vorbei.

🛈 **Tourist Information** ➡ eB2
Plac Słowiański 6/1
72-602 Swinemünde
✆ (+48) 913 22 49 99
www.swinoujscie.pl
Mo–Fr 9–17, Sa/So 10–14 Uhr, Infostand an der Promenade nur Juli–Sept.

Grenzübergang zwischen Deutschland und Polen an der Strandpromenade

Grenzübergänge ➡ D/E7

Am 21. Dezember 2007 wurden die Grenzen nach Polen geöffnet. Seitdem können auch Pkws von Ahlbeck und Garz aus passieren.

Die **Usedomer Bäderbahn** fährt über die Haltestelle Ahlbeck-Grenze hinaus bis zum Bahnhof Swinemünde Zentrum. Die Verlängerung der Trasse wurde 2008 eingeweiht. Seit 2011 verbindet die durchgehende ⑧ **Strandpromenade** die deutschen Kaiserbäder mit dem polnischen Swinemünde – ideal für einen Ausflug mit dem Rad oder zu Fuß.

Ein Rad- und Fußweg verbindet die Orte Kamminke und Wydrzany (Friedrichsthal), einem Vorort von Swinemünde.

🏛➡ Seefahrt- und Fischereimuseum/Muzeum Rybołówstwa Morskiego w Świnoujściu ➡ eB2

Plac Rybacki 1, Swinemünde
✆ (+48) 321 24 26
www.muzeum-swinoujscie.pl
Tägl. 9–17, Juli/Aug. Mo–Fr 10–20, Sa/So 10–18 Uhr, Okt.–Mai Mo geschl., Eintritt zł 15/13
Bernsteinfunde, riesige Muscheln, Schiffsmodelle, historische Navigationsgeräte sowie ausgestopfte Tiere, ein Aquarium und Korallen im ehemaligen Rathaus (Bj. 1805/6). Hier schwimmt einer der ältesten und größten Piranhas Europas. Auch die 250-jährige

Stadtgeschichte ist Thema mit historischen Fotos des ehemals deutschen Swinemünde.

👁🏛 Festungen

Drei historische Verteidigungsanlagen sorgten bis zum Zweiten Weltkrieg dafür, dass der Hafen nicht angegriffen wurde. Heute kann man sie besichtigen:

– Engelsburg/Aniola ➡ eB3
Zwischen Kurpark und Swine Swinemünde
✆ (+48) 601 76 71 71
Mai–Okt. tägl. 10–18, Nov.–April 10–16 Uhr, Eintritt zł 9/8
Ein massives und zugleich das schönste Fort, das seinen Namen wegen der Ähnlichkeit mit dem gleichnamigen Mausoleum des Kaisers Hadrian in Rom trägt. Erbaut von 1845–58 besitzt es auf drei Etagen 24 Schießscharten für Kanonen.

– Ostbatterie/Fort Gerhard ➡ D7
Östl. Swineufer, Swinemünde
✆ (+48) 515 92 09 93
www.fort-gerharda.pl
Tägl. 9 Uhr bis Einbruch der Dunkelheit, Eintritt zł 15/10
Ein Gänge- und Bunkersystem, das besichtigt werden kann, mit Ausstellung. Das Fort, benannt nach dem preußischen Offizier Gerhard Cornelius von Wallrave, diente seit Mitte des 19. Jh. der Verteidigung der Hafeneinfahrt.

– Westfort/Zachodni Fort Artyleryjski ➡ D7
Westl. Swineufer, Swinemünde
✆ (+48) 508 73 81 18
www.okretywojenne.pl/pefu/westbatterie/html/fort.htm
Tägl. 10 Uhr bis Einbruch der Dunkelheit, im Sommer bis 20 Uhr Eintritt zł 10/5
1843–63 von den Preußen erbaut. Die Bunkeranlage wird nach und nach restauriert und kann besichtigt werden. Mit Museum und Waffenschau.

König-Christus-Kirche/ Kościół Chrystusa Króla ➜ eB2
Pl. Kościelny 1, Swinemünde
✆ (+48) 913 21 20 32
www.parafia.swi.pl
1788–92 erbautes, einst evange-lisches, heute katholisches Got-teshaus, in dem im Sommer das sehr renommierte Festival **Swine-münder Orgelabende** stattfindet. Im Inneren fällt eine Votivschiffs-nachbildung aus dem frühen 19. Jh. auf, die unter der Decke in 3 m Höhe hängt.

Leuchtturm ➜ D7
Östl. Hafeneinfahrt, Swinemünde
✆ (+48) 913 21 60 63
www.muzeum-swinoujscie.pl
Tägl. 10–18, Juli/Aug. 9–20, im Winter 10–16 Uhr
Eintritt zł 6/4
1857–59 erbaut, war der 65 m ho-he Turm einst das höchste Leucht-feuer der Welt. 303 Stufen füh-ren nach oben, wo der Ausblick grandios ist. Mit kleinem Museum zum Thema Leuchtfeuer und See-notrettung.

Turm der Lutherkirche ➜ eB2
ul. Paderewskiego 7
Swinemünde
✆ (+48) 601 54 01 29
Im Sommer tägl. 10–21, im Winter bis 18 Uhr, Eintritt zł 6/4

Von der 1906 erbauten Kirche steht nur noch der Turm, von oben (222 Stufen) hat man einen schönen Ausblick und es gibt dort ein Café.

Westmole mit Mühlenbake/ Stawa Młyny ➜ D7
Westl. Hafeneinfahrt
Swinemünde
Die in den 1870er Jahren errich-tete Mühlenbake ist das Wahrzei-chen von Swinemünde. Dorthin führt ein schöner Spaziergang auf der Mole.

Kurpark/Park Zdrojowy ➜ eB3
Westl. Swineufer, Swinemünde
Sehr schöner von Peter Joseph Lenné im 19. Jh. entworfener Landschaftspark, u. a. mit selte-nen zum Teil mediterranen Bäu-men und Blumen.

Centrala ➜ eB2
ul. Amii Krajowej 3, Swinemünde
✆ (+48) 913 21 26 40, tägl. ab 9 Uhr
Künstlertreff mit Suppen, Sandwi-ches und Salaten sowie polnischer Küche (Bigos, Gulasch und Pirog-gen). Auch als Café ist das Lokal einen Besuch wert. Abends häufig Live-Jazz. €

Konstelacja ➜ eA1
Jachtowa 4, Swinemünde
✆ (+48) 790 22 10 14

Eine durchgehende Promenade verbindet die deutschen Kaiserbäder mit dem polnischen Swinemünde

Tägl. 12–19 Uhr
Preiswertes Lokal am Westfort mit guter Fischsuppe und Bigos. Schöne Terrasse. €

🏛 Grenzmarkt ➜ D7

Woj. Polskiego
Swinemünde
200 m hinter der Grenze
Der Besuch des Flohmarkts auf deutscher Seite und des Schnäppchenmarkts von Swinemünde ist für viele Besucher nach wie vor unverzichtbarer Bestandteil des Usedom-Urlaubs. Hier hält auch die Usedomer Bäderbahn (Haltestelle Ahlbeck-Grenze).

🚋 Wegebahn ➜ eB2

Hafen, Swinemünde
✆ 0173-152 65 56
www.cyrus-tours.pl
Rundfahrt zł 22/11, Teilstrecke zł 11/6
Stadtrundfahrt mit einer italienischen Bimmelbahn und Erläuterungen (auf Deutsch) zu den wichtigsten Sehenswürdigkeiten.

⛴ Schwedenfähre ➜ eB2

Hafen, Swinemünde
✆ 01805-00 10 45
www.directferries.de
Hin- und Rückfahrt ab € 66
In rund sechs Stunden nach Ystad in Schweden, eine schöne Kreuzfahrt über die Ostsee mit Besichtigung der Mankell-Krimi-Stadt. Am nächsten Tag kann man wieder zurückfahren.

⛴ Stadtfähren ➜ eB2

Hafen, Swinemünde
Fähranleger, Karsibór
✆ (+48) 913 21 21 40
www.zegluga.swi.pl/rozklad.html
Pendelverkehr im Zentrum 4.20–23.40 Uhr alle 20 Min., nachts alle 40 Min., in Karsibór 7–22 Uhr alle 30 Min., nachts stündl.
Überfahrt kostenlos
Über die Swine (auf die Insel Wolin) werden tagsüber per Fähre nur die Fahrzeuge (bis 3 t) von Einheimischen transportiert. Nachts zwischen 22 und 4 Uhr werden auch Pkws mit anderen Nummernschildern mitgenommen; Fußgänger und Radfahrer können jederzeit mitfahren. Touristen mit Auto müssen am Tage auf die Fähre bei Karsibór ausweichen.

🚢 ⛵ Sail Świnoujście ➜ eB2

Hafen, Swinemünde
✆ (+48) 913 22 49 99
www.sail-swinoujscie.pl
www.balticcharter.com.pl/sail-swinoujscie
Mitsegel-Ticket ab € 13
Große Windjammerparade im August mit der Möglichkeit, an Bord der teilnehmenden Drei- und Viermaster auf einem zweistündigen Törn mitzusegeln (Online-Buchung), und das zu sehr günstigen Preisen. Ein 40 m hohes Riesenrad bietet außerdem einen traumhaften Panoramablick über die Insel und das Seglerfest.

Ausflugsziele:

👁 🏛 ⛰ Karsibór/Kaseburg ➜ E8

Hübsches Dorf (erstmals 1242 urkundlich erwähnt) mit gotischer Kirche aus dem 15 Jh., die 1826 nach Plänen des bekannten Berliner Baumeisters Karl Friedrich Schinkel umgebaut wurde. Bekannt ist Karsibór wegen einer arabischen Münze aus dem Jahr 718, die hier in der Nähe gefunden wurde. Sie ist das älteste datierbare Fundstück auf der Insel Usedom. In der Nähe befindet sich ein Aussichtsturm mit gutem Blick über das **Vogelschutzgebiet Karsiborska Kępa** (Caseburger Werder), in dem rund 140 Vogelarten leben.

👁 ✕ 🍸 🏛 Misdroy/Miedzyzdroje ➜ D8

Das Seebad auf der polnischen Insel Wollin 15 km östlich von Swinemünde ist eines der be-

Freilichtmuseum Slawen- und Wikingersiedlung in Wollin

kanntesten Badeorte der Ostsee und hat im Sommer zusätzlich zu den 5000 Einwohnern sehr viel Publikum. Dementsprechend gibt es unzählige Restaurants und Bars rund um die 400 m lange Seebrücke mit Ladenstraße.

Auch hier prunken klassische Bäderarchitektur-Villen, die Steilküste (90 m) des Nationalparks Wollin lädt zu Wanderungen ein. In Misdroy befindet sich auch das **Wolliner Nationalparkmuseum** (tägl. außer Mo 10–18, im Winter 8–16 Uhr) in der ulica Niepodległości 3 A im Ortszentrum. Besucher zieht auch das **Wachsfigurenkabinett** (www. woskowe.pl, tägl. 10–20 Uhr, im Winter kürzer) an. Ausflugsschiffe verbinden im Sommer Ahlbeck, Heringsdorf und Bansin mit dem Seebad Misdroy.

Wollin Stadt/Wolin
→ östl. D8

Als »Byzanz des Nordens« bezeichnet, war Wollin im frühen Mittelalter mit rund 8000 Einwohnern die reichste und größte Stadt fast ganz Europas und wird daher auch immer wieder mit dem sagenhaften Vineta in Verbindung gebracht.

Ausgrabungen brachten interessante Erkenntnisse zur Historie, die im Heimatmuseum am Markt sowie in einem **Slawen- und Wikinger-Freilichtmuseum** (www.jomsborg-vineta.com, tägl. 10–18 Uhr,

im Winter kürzer) nachvollzogen werden können. Am ersten Augustwochenende zieht jährlich ein **Wikingerfestival** Tausende Besucher an. Von der historischen Bebauung ist außer dem neogotischen Rathaus (Bj. 1881) und der spätgotischen Nikolaikirche nicht viel übrig geblieben, da Wollin im Zweiten Weltkrieg fast komplett zerstört wurde.

8 Nationalpark Wollin
→ östl. D8

www.wolinpn.pl
Der Nationalpark Wollin (224 ha) besticht durch ausgedehnte Buchen- und Nadelwälder sowie Dünen und Steilküsten mit seltenen Pflanzen. Ein Juwel ist der **Jezioro Turkusowe** (Türkissee) bei Wapnica (Kalkofen). Vom Dorf Lubin (Lebbin) hat man eine sehr schöne Aussicht von der Steilküste auf das Haff. Ein **Wisentreservat** sorgt für den Erhalt der selten gewordenen Ur-Rinder, die beobachtet werden können.

Das sich über 15 km ausdehnende und bis zu 94 m hohe Kliff nordöstlich von Misdroy verschiebt sich aufgrund starker Winde jährlich um ca. 80 cm. Vom 94 m hohen **Gosan**, rund 4 km von Misdroy entfernt, haben Wanderer einen herrlichen Blick über die Pommersche Bucht bis hinüber zu den deutschen Kaiserbädern.

Am Wiselka-See auf der Insel Wollin

Usedoms Achterland

Die Vista Points sind geografisch sortiert.

Natur- und Ruhesuchende sind im Hinterland der Insel Usedom bestens aufgehoben. Hier finden sich idyllische Dörfer, deren Kirchen zum Teil noch aus der Zeit der Christianisierung stammen, ebenso wie Spuren der ersten Besiedlung der Insel durch die Slawen sowie herrschaftliche Gutshäuser, knarrende Windmühlen und von Schilfgürteln umgebene Seen.

Für einen Ausflug ins Achterland zwischen Stettiner Haff und Achterwasser bieten sich zahlreiche Ziele an. Das Achterwasser ist eine Bucht des Peenestroms, der in die Ostsee mündet. Es wird eingerahmt von der Halbinsel Gnitz im Norden und dem Lieper Winkel im Süden. »Achter« stammt aus dem Niederdeutschen und bedeutet »hinten«.

Pudagla ➡ D5

Sechs Kilometer von den Kaiserbädern entfernt ist das Örtchen vor allem wegen seinem Museum »Welt der Erfindungen« und der Gulliver-Statue ein beliebtes

Die Bockwindmühle (südlich von Pudagla): An festgelegten Tagen wird Besuchern der Mahlvorgang demonstriert

Ausflugsziel für Feriengäste. Ein kleines, schmuckloses Schloss aus dem 16. Jh. mit Greifenwappen über dem Portal zeugt davon, dass hier einst die Herzöge von Pommern residierten.

Bei Pudagla weiden große Mutterkuhherden, die von einem Bio-Betrieb gehalten werden.

🏛🌀 Welt der Erfindungen und Metallschatztruhe ➡ D5

Gewerbegebiet 1/Am Sandfeld Pudagla
☎ (03 83 78) 28 98 55
www.weltdererfindungen.de
Tägl. April–Okt. 10–18, Nov.–März 10–16 Uhr, Eintritt € 8/7, Familien € 20–24 (Tickets gelten auch für Gullivers Welt)

Das interaktive Museum neben Gullivers Welt stellt rund hundert Erfindungen vor und ist die einzige Dauerausstellung für Erfindungen und Innovationen in Deutschland. Viele Stationen laden auch Kinder zum Ausprobieren ein.

Integriert ist die Ausstellung Metallschatztruhe mit 300 Metallkunst-Exponaten. Alles in allem eine gute Schlechtwetteradresse für die ganze Familie.

🌀 Bockwindmühle Pudagla ➡ D5

Pudagla
☎ (03 83 78) 348 72
www.usedom-bockwindmuehle-pudagla.de, Mai–Okt. Mo–Fr 10–16, Sa/So 13–16 Uhr, sonst kürzer
Eintritt € 2/1

Die letzte noch am Originalstandort befindliche Bockwindmühle Mecklenburg-Vorpommerns steht am Westufer des Schmollensees in Richtung Neppermin. Die 1937 stillgelegte Mühle ist nach ihrer Rekonstruktion wieder voll funktionstüchtig.

👁🏛🌀 ⑨ Gullivers Welt ➡ D5

Gewerbegebiet 1/Am Sandfeld Pudagla

Lyonel Feininger

Kein anderer Maler hatte Usedom vor hundert Jahren so sehr ins Herz geschlossen wie der Künstler mit deutsch-US-amerikanischen Wurzeln. 1871 in New York geboren, kam er als 16-Jähriger nach Deutschland und besuchte alsbald die renommierte Künstlerschmiede Königliche Akademie in Berlin. Zunächst als Karikaturist und Illustrator erfolgreich, widmete sich Feininger Anfang des 20. Jh. mehr und mehr der Malerei. Ab 1909 war er Mitglied der Künstlergruppe Berliner Secession. Von 1908–23 besuchte er häufig Usedom und malte Landschaft und Gebäude. Vor allem Benz und Neppermin hat er in vielen Werken verewigt. Zusammen mit Walter Gropius gilt er als Gründer des Bauhauses in Weimar und Dessau. 1937 gelang ihm mit seiner zweiten Frau, der Künstlerin Julia Berg, und den gemeinsamen drei Söhnen die Übersiedlung nach New York, wo er fortan als freier Maler wirkte. Während des Nationalsozialismus wurden seine Werke als entartete Kunst diffamiert. Er starb 1956 in New York.

☎ (03 83 78) 28 98 55
www.weltdererfindungen.de
Tägl. April–Okt. 10–18, Nov.–März 10–16 Uhr, Eintritt € 8/7, Familien € 20–24 (Tickets gelten auch für die Welt der Erfindungen und Metallschatztruhe)
Die 36 m hohe und 12 t schwere Gulliver-Skulptur ist eine Attraktion auf der Insel. Man kann auch das Innere der Skulptur kennenlernen und anhand von Gullivers Herz, Lunge etc. etwas über die Anatomie des Menschen erfahren. Das Spielen mit fussballgroßen Billardkugeln ist ebenfalls möglich.

Benz ➧ D5
Als Kultur- und Künstlerdorf im Herzen der Hügellandschaft Usedomer Schweiz ist ❿ **Benz** überregional bekannt, nicht zuletzt auch wegen des US-amerikanisch-deutschen Malers Lyonel Feininger (1871–1956), der in Heringsdorf von 1908–12 die Sommer verbrachte, in Benz malte und mit seinem damals supermodernen Luftreifen-Fahrrad auf der Insel Aufmerksamkeit erregte. Besonders die Benzer Kirche und die Holländermühle verewigte er in mehreren Werken und machte

so den Ort international bekannt. Auch der Künstler Otto Niemeyer-Holstein (1896–1984) war dem Ort verbunden und sorgte durch den Ankauf der Holländermühle für deren Erhalt.

1229 erstmals urkundlich erwähnt, so alt ist auch die Kirche, ist Benz auch heute noch geprägt von kulturellem Leben mit Lesungen, Ausstellungen und vielen Konzerten.

ℹ️ www.gemeinde-benz.de

🏛️ 👓 **Kunstkabinett Benz** ➧ D5
Kirchstr. 14 A, Benz
Juni–Okt. Fr–So 11–17 Uhr und an Weihnachten/Silvester, Ostern, Pfingsten
Einige Werke des Künstlers Lyonel Feininger, darunter ein Aquarell der Kirche Benz, das er ein Jahr vor seinem Tod gemalt hat, sind ein Publikumsmagnet. Auch ein Modell des Fahrrades, mit dem er die Insel häufig erkundete, ist zu sehen. Feininger-Kunstdrucke können käuflich erworben werden.

👁️ 🖼️ **Holländermühle** ➧ D5
Mühlenberg
Benz
☎ (03 83 78) 36 50

www.muehle-benz.de
Tägl. außer Mo 10–17 Uhr und nach Absprache
Eintritt € 3/1,50
Dass in einer nur noch selten anzutreffenden Erdholländermühle (um 1830 erbaut) eine künstlerische Begegnungsstätte entstand, ist Verdienst des norddeutschen Malers Otto Niemeyer-Holstein, der das Baudenkmal 1974 mit dem Geld kaufte, das er zusammen mit dem Nationalpreis erhielt. Vom Mühlenberg hat man einen schönen Blick auf den Schmollensee.

📷🎵 Petrikirche Benz ➡ D5
Kirchstr. 16, Benz
Die Renaissancekirche St. Petri wurde Anfang des 17. Jh. in ihrer heutigen Form errichtet, der Turm stammt von 1740. Die Grundmauern des vorherigen Feldsteinbaus (13. Jh.) sind noch erhalten. Bekannt ist die Kirche für ihr **Musikfestival Kirchensommer** mit klassischen Konzerten.

Auf dem Friedhof befinden sich die Grabstätten des Malers Otto Niemeyer-Holstein und des Schauspielers Rolf Ludwig.

Neppermin ➡ D5
Dieses kleine Fischerörtchen (350 Einwohner) mit Hafen am Achterwasser hat ebenfalls Lyonel Feininger vor rund hundert Jahren in seinen Zeichnungen festgehalten. »Nevermind« und »Peppermint« waren seine Spitznamen für den Ort, an dem er sich 1910 mehrere Wochen aufhielt. Hier hält auch die MS »Jessica« der Ückeritzer Personenschifffahrt (vgl. S. 47). 1254 wurde Neppermin erstmals urkundlich erwähnt, über die Dorfgeschichte informiert eine kleine Ausstellung in der **Heimatstube**, dem ehemaligen Schulhaus. Mit Rad- und Wanderweg, Badestelle, Spielplatz, Grill- und Lagerfeuerbereich am Ufer.

Balm ➡ D5
Wichtige Einnahmequelle des Dorfes (Gründung im 13. Jh.) ist der Golfplatz im Nordosten, aber auch Naturtouristen kommen hier vorbei auf dem Weg zum Naturschutzgebiet auf der Halbinsel Cosim. Der Dorfplatz ist von dem Maler Lyonel Feininger als Farblithografie festgehalten worden. Die darauf zu sehenden Gebäude stehen noch.

🏞🏖 Halbinsel Cosim ➡ D5
Die am Balmer See bei Neppermin gelegene 85 ha große Sumpf- und Wattlandschaft 1 km nördlich von Balm steht seit 1990 als idealer Lebensraum für Salzpflanzen (u. a. Strandaster), für Gänse, Enten sowie Kibitze und Bekassinen unter Schutz. Im Südosten liegen die geschützten Vogelinseln Böhmke und Werder (13 ha, u. a. Austernfischer, Rotschenkel).

🚩 Rundwanderung ➡ D5
Balm – Halbinsel Cosim – Dewichow – Balm
Eine schöne 11 km lange Wanderung führt vom Dorf Balm am Golfhotel vorbei bis zur Nordspitze der Halbinsel Cosim entlang des Balmer Sees. Weiter geht es auf dem markierten Weg (Wandersymbol: waagerechter grüner Strich) durch Wiesen und Wälder bis nach Dewichow. Dort folgt der Weg der verlängerten Straße nach Morgenitz, nach rund 1 km geht es links ab Richtung Mellenthin und immer der Straße nach Richtung Balm zurück.

🍴🛏💲 Golf- und Landhotel Balmer See ➡ D5
Drewinscher Weg 1, Balm
✆ (03 83 79) 280
www.golfhotel-usedom.de
Panoramarestaurant tägl. 18–21.30, Balmer Steakhus tägl. außer Mo 17–22, Alte Schule Do–Mo 17–22 Uhr
Gleich drei Restaurants beher-

bergt das Resort am Balmer See, einer Bucht im Achterwasser. Im **Panoramarestaurant** gibt es gut-bürgerliche Küche mit schönem Wasserblick. Das **Balmer Steakhus** in einem rustikalen Holzhaus bietet Fleisch vom Lavasteingrill sowie Hamburger mit Blick auf den Golfplatz, und in der **Alten Schule** wird italienische Küche aufgetischt. Großes Wellnessangebot mit Schwimmbad und mehreren Saunen. €€–€€€

Ausflugsziel:

◉ ◪ ▦ 🎒 **Dewichow** ➜ D5
Am Krienker See, einem Ausläufer des Achterwassers, liegt dieses Örtchen mit rund 80 Einwohnern. Erstmals wurde es 1319 urkundlich erwähnt. Auf dem ehemaligen Rittergut entstand vor rund 200 Jahren ein **Gutshof**, der heute Ferienwohnungen beherbergt. Vor allem Wanderer auf dem Weg vom oder zum Naturschutzgebiet Cosim sowie Golfer des benachbarten Golfplatzes sind hier regelmäßige Besucher.

Mellenthin ➜ D5
Das typische Gutsdorf (490 Einwohner) mit einer sehenswerten Backsteinkirche aus dem 14./15. Jahrhundert ist vor allem durch sein Wasserschloss bekannt.

Die Störche auf den Dächern an der Dorfstraße ziehen im Sommer die Blicke auf sich. Hier befindet sich auch Usedoms artenreichster Botanischer Garten. Der Name Mellenthin bedeutet im Slawischen Mittelpunkt.

◉ **Kirche Mellenthin** ➜ D5
Der feldsteingemauerte Vorgängerbau (Kapelle mit Kreuzrippengewölbe) wurde um 1330 im gotischen Stil errichtet. Kirchenschiff und Turm kamen dagegen erst im 15. Jh. hinzu. Die 600 kg schwere Grabplatte (1594) an der Südwand zeigt den Lehnsherren Rüdiger von Neuenkirchen, Bauherr des Wasserschlosses, nebst Gattin.

◉ ❀ ✕ ◨ ▭ ♟ ⑤ **Wasserschloss Mellenthin** ➜ D5
Dorfstr. 25, Mellenthin
✆ (03 83 79) 287 80
www.wasserschloss-mellenthin.de
Restaurant tägl. 11–22, Schlossladen tägl. ab 12 Uhr
Das einzige Wasserschloss (1577–80) Usedoms ließ sich Ritter Rüdiger von Neuenkirchen auf einer alten Burg (um 1280) errichten. Umgeben von einem breiten Wassergraben ist der zweigeschossige Renaissancebau von Antonio Wilhelmi heute vor allem Domizil eines Hotels mit Spa.
Das **Restaurant** bietet u. a. ein mittelalterliches Ritterbüfett. Au-

Das Wasserschloss Mellenthin beherbergt Hotel, Restaurant, Kaffeerösterei und Brauerei

ßerdem eine **Schlossbrauerei mit Biergarten** sowie eine **Kaffeerösterei**. Auch Konzerte finden hier regelmäßig statt.

✿ Botanischer Garten ➡ D5
Chausseeberg 1, Mellenthin
✆ (03 83 79) 202 46
www.usedoms-botanischer-garten.de, April–Okt. ab 9 Uhr bis Einbruch der Dunkelheit
Eintritt € 5/2 (4–14 J.)
Die private Sammlung von mehr als tausend winterharten, überwiegend heimischen Pflanzenarten verteilt sich auf zehn Themengärten, die durch Hecken voneinander abgegrenzt und mittels Rundweg verbunden sind. Im Grünen Garten blühen im Frühjahr u. a. 8000 Tulpen. Der Rosengarten birgt mehr als hundert verschiedene Sorten, im Nutzgarten wachsen Obstbäume und sogar Weinreben. Mit Rhododendren-, Stein- und Kräutergarten sowie Heidelandschaft.

✕ ▭ ⌂ Gutshof ➡ D5
Dorfstr. 24, Mellenthin
✆ (03 83 79) 207 00
www.gutshof-usedom.de
Tägl. 9–22 Uhr
Biorestaurant mit Waffelbäckerei. Alle Zutaten stammen aus ökologischem Landbau. Leckere Frischkornwaffeln. €€

✕ ᙖᙖ ⌂ Alte Schmiede ➡ D5
Morgenitzer Berg 1

Mellenthin
✆ (03 83 79) 22 91 30
Tägl. 9–22 Uhr
www.alteschmiede-usedom.de
Fisch und Steak vom Grill mit frischem Brot aus eigener Bäckerei sind eine Spezialität des Feriendorf-Lokals im Fachwerkbau. Aber auch Burger mit Steakhouse-Pommes kommen gut an bei den Gästen. Jeden Samstag lockt ein Grillbüfett mit Spezialitäten direkt vom Schmiedefeuergrill. Mit Hofladen und Ferienwohnungen.
€–€€

✕ ⊙ Landgasthaus Klein ➡ D5
Chausseeberg 1, Mellenthin
✆ (03 83 79) 202 46
www.landgasthaus-klein.de
Tägl. 9–22 Uhr
Pommersche Fischspezialiten und Fleischgerichte mit Fleisch aus ökologischer Tierhaltung sowie Kuchen und Torten. Kleiner Spielplatz und Spielecke im Restaurant direkt neben dem Botanischen Garten, der zum Gasthaus gehört. €–€€

ᙖᙖ Pommersche Keramikmanufaktur ➡ D5
Morgenitzer Berg 8
Mellenthin
✆ (03 83 79) 229 33
www.pommersche-keramik.de
Mo–Sa 10–17, So 11–16 Uhr, im Winter So geschl.
Hier entsteht Stettiner Ware nach historischem Vorbild.

Traditionelles Wohnhaus im Lieper Winkel

✈ **Usedomer Fliegerclub** ➡ D5
Am Flugplatz, Mellenthin
☎ (03 83 79) 202 39
www.usedomer-fliegerclub.de
Flüge nach tel. Vereinbarung
Usedom aus der Vogelperspektive betrachten kann man bei einem Rundflug vom Mellenthiner Sportflugplatz. Hier kann man auch lernen, Ultraleichtflieger zu steuern.

Ausflugsziele:

🏔🌲 **Mellenthiner Heide** ➡ D/E5
Mehr Wald und Moor als Heidelandschaft ist das Gebiet südlich von Mellenthin vor allem bei Radlern und Wanderern beliebt. Es ist die größte Forstfläche der Insel. Attraktion ist ein 6 ha großes **Wisentgehege** (vgl. S. 78) bei Prätenow im Süden. Während des Nationalsozialismus befand sich im Zentrum der Heide ein unterirdisches Munitionsdepot, das heute von einer Bergungsfirma genutzt wird. Daher ist das Kerngebiet nicht für die Öffentlichkeit zugänglich.

❌🌳 **Kunsthaus Usedom**
➡ D5
An der B111, zwischen Mellenthin und Neppermin
☎ (03 83 79) 28 98 61
www.kunsthaus-usedom.de
Tägl. 7–24 Uhr
Ein Kulturhaus für alle Gelegenheiten mit Art-Bistro, Ausstellungen, Kleinkunstbühne und Konzerten. Sonntags ab 11 Uhr gibt es ein Brunch mit Klavierbegleitung. In der Bibliothek können Bücher ausgeliehen werden. Sportübertragungen auf großer Leinwand, WLAN.

Morgenitz ➡ D4/5
Unter seinem slawischen Namen Murignevitz wurde der Ort erstmals 1270 urkundlich erwähnt. Doch schon viel früher, nämlich um 4500 vor Christus wurde hier bereits gesiedelt, was prähistorische Grabfunde dokumentieren. Auch die Mahlsteine, die man auf dem Kirchhof besichtigen kann, sind sehr alt – sie stammen aus der Bronzezeit (2200–800 v. Chr.). An der Backsteinkirche aus dem 15./16. Jahrhundert ist außerdem der große **Hünengrabstein** auf dem Vorplatz sehenswert.

Mehrere Keramikkunsthandwerker beleben den Ort. Nahe der Kirche beherbergt ein Reetdachhaus die Keramikwerkstatt Dannegger. Die Besitzer veranstalten jeden Sommer Ende Juli einen großen **Töpfermarkt**, der sehr beliebt ist.

🏺 **Töpferei Dannegger** ➡ D4/5
Dorfstr. 8, Morgenitz
☎ (03 83 72) 709 10
www.astriddannegger.de, Mo/Di, Sa 16–17, im Winter 12–13 Uhr
In der Töpferei und Keramikwerkstatt von Astrid Dannegger hat man die Qual der Wahl zwischen keramischen Plastiken, Fayencen oder Geschirr.

🏺 **Töpferei Susi Erler** ➡ D4/5
Morgenitzer Berg 10, Morgenitz
☎ (03 83 72) 229 33
www.pommersche-keramik.de
Mo–Sa 10–17, im Sommer auch So 11–16 Uhr
Keramik mit typischen pommerschen Mustern – vom Kaffeepott bis zum Pommernlicht.

Lieper Winkel ➡ C/D4
Ruhig und mit ländlichem Charme ragt die Halbinsel ins Achterwasser. Begrenzt von Peenestrom und Achterwasser prägen hier Wälder, Feuchtwiesen, Weiden und Felder die Landschaft. Vor allem Fischer und Bauern leben in dieser idyllischen Einöde mit den Dörfern Liepe, Reestow, Grüssow und Quilitz und ihren reetgedeckten Fischerkaten und bäuerlichen

Fachwerkhäusern. Jahrhundertelang waren die Dörfer vom Rest der Insel nur über das Achterwasser zu erreichen. Eine Straße wurde erst Ende des 19. Jahrhunderts gebaut.

Alte slawische Bräuche, etwa das Strohablegen bei Beerdigungen, sind hier noch üblich. Auch die Weberei hat eine lange Tradition im Lieper Winkel, was in einem Museum, dem **Heimathof Lieper Winkel** in Rankwitz, dokumentiert ist.

Der Strandabschnitt bei **Quilitz** gehört mit Sicherheit zu den entlegendsten und ruhigsten Badestellen auf der Insel Usedom und ist am besten mit dem Fahrrad zu erreichen. Von der Steilküste hat man einen tollen Blick über den Peenestrom. Ebenfalls eine gute Sicht über das Achterwasser bis zur Halbinsel Gnitz bietet der Jungfernberg bei **Rankwitz**, ein Hügel von 18 Metern Höhe.

◉ Liepe ➜ D4
Die **St. Johannes-Kirche** (1216), ältestes Gotteshaus auf Usedom, ist Mittelpunkt des Dörfchens, das 1187 erstmals Erwähnung fand. Spätmittelalterliche Malereien, ein Kanzelaltar und ein frei stehender Glockenstuhl sind charakteristisch, außerdem Skulpturen von Künstlern, u. a. des Stralsunder Bildhauers Raik Vicent, im Kirchhof.

Der Name Liepe stammt vom slawischen *lipa* (Linde).

◉ Reestow ➜ C4
1270 erstmals urkundlich erwähnt, wird das kleine Dorf vor allem durch den Erlebnisbauernhof Zum Storchennest geprägt. Eine kleine Badestelle befindet sich nördlich gelegen am Achterwasser.

✕ ⚐ ⚐ ⛺ ⚐ 🎣 Zum Storchennest ➜ bD4
Balitzer Weg 1–3, Reestow
☎ (03 83 72) 769 00
www.swingolf-usedom.de
März–Okt. tägl. ab 10 Uhr
Eintritt Swingolf € 9/6, Familien € 15
Im Lokal des Erlebnisbauernhofs kann man regionale Küche genießen, draußen lockt eine **Swingolf-Anlage** (13 ha) Groß und Klein zum vereinfachten Golfspielen ein. Mit Ferienwohnungen, Sauna, Solarium, Fahrradverleih und Hühnerfarm sowie Papageienvolieren. €

◉ Warthe ➜ C4
Gemächlich dümpeln ein paar Fischerboote im Wasser des Peenestroms, hier kann man auch selbst ein Ruderboot leihen und auf Tour gehen. Reetgedeckte Häuser mit Lehmfachwerk zeugen von Tradition im Dorf, das 1316 erstmals urkundlich erwähnt wurde. In Warthe hat sich in den letz-

Ältestes Gotteshaus auf Usedom: St. Johannis-Kirche in Liepe

Stettiner Haff

Größer als der Bodensee und doch wenig beachtet: Dank seiner geschützten Lage hinter den Inseln Usedom und Wollin ist dieses riesige Binnengewässer (903 m²), das wegen seiner Lage und den Verbindungen zum Meer als Haff bezeichnet wird, ein ideales Segel- und Paddelrevier. Die idyllische Uferlandschaft mit seltener Flora und Fauna lockt vor allem naturverbundene Urlauber an.

Das Stettiner Haff – auch Kleines-, Oderhaff oder Pommersches Haff genannt – besteht überwiegend aus Süßwasser, da es von den Flüssen Oder, Uecker, Zarow und Peene sowie etlichen Entwässerungsgräben gespeist wird. Mit einer Ost-West-Ausdehnung von 52 Kilometern und einer Nord-Süd-Spanne von 22 Kilometern ist das zweitgrößte Ostsee-Haff über Peenestrom, Swine und Dievenow mit dem Meer verbunden. Mitten durch das Gewässer verläuft die deutsch-polnische Grenze in Nord-Süd-Richtung. Seit 2007 können Sportboote sie problemlos passieren und in den Häfen des jeweiligen anderen Landes anlegen. Zwischen beiden Ländern pendeln auch Fahrgastschiffe. Von Kamminke etwa starten Ausflüge nach Stettin oder Swinemünde.

ten Jahrhunderten nicht sehr viel verändert. Allein der Gedenkstein für die Kriegsgefallenen erinnert daran, dass hier auch nicht immer rosige Zeiten herrschten. Mit kleinem Strand am Achterwasser.

✕ 🍽 🛏 Gutshof Warthe ➜ C4
Dorfstr. 2, Warthe
✆ (03 83 72) 76 99 06
www.gutshof-warthe.de
Mai–Mitte Sept. tägl. 12.30–21 Uhr
Kaffee und hausgebackener Kuchen schmecken auf der schönen Sonnenterrasse besonders gut. Aber auch ein kühles Bier und regionale Gerichte werden gereicht. Mit Ferienwohnungen.

🌐 Quilitz ➜ D4
Hübsches Fischerdorf mit reetgedeckten Fachwerkhäuschen, etliche davon beherbergen Ferienwohnungen. Ein kleiner Strand mit Spielplatz lädt zum Baden ein. Schöner Blick von der Steilküste.

🏛 Bioladen Grünfink ➜ D4
Dorfstr. 21 A, Quilitz
✆ (03 83 72) 760 50
www.bioladen-usedom.de
Tägl. außer So 10–18 Uhr
Hofladen einer Bio-Schäferei mit Vollsortiment und frischen Brötchen. Gemüse und Obst ebenso aus eigenem Anbau.

🌐 Rankwitz ➜ D4
Das verschlafene Fischerdorf mit kleinem Hafen liegt malerisch am Peenestrom. Hier dümpeln Fischkutter, deren Fang man frisch oder geräuchert u. a. in der Fischräucherei mit Restaurant vor Ort verspeisen kann. Der Heimathof im Dorf informiert über Traditionen und Bräuche der Gegend.

🏛 Heimathof Lieper Winkel ➜ D4
Hauptstr. 6, Rankwitz
✆ (03 83 72) 705 63
Mi, Sa 10–16 Uhr und nach tel. Vereinbarung
Über Leben, Landwirtschaft und Fischerei in früherer Zeit informiert das Museum mit einer kleinen Ausstellung.

✕ Rankwitzer Hof ➜ D4
Dorfstr. 15, Rankwitz
✆ (03 83 72) 705 63
www.rankwitzer-hof.de
Spezialität ist der Pommersche Kaviar vom Steinlachs, außerdem Wild vom Lieper Winkel und na-

türlich Fisch in vielen Variationen. Rustikale Einrichtung mit Kachelofen. €

☒ Zur Alten Fischräucherei
➡ D4
Am Hafen, Rankwitz
✆ (03 83 72) 705 21
www.hafen-rankwitz.de
Sommer tägl. 11–19.30, Winter tägl. 11–16 Uhr, Jan. geschl.
Urig-maritimes Lokal direkt am kleinen Seglerhafen des Peenestroms. Spezialität des Hauses sind die stets ofenfrischen Fischvariationen aus der eigenen Räucherei. €

🚌🚲 Ückeritzer Personenschifffahrt ➡ D4
Hafen Rankwitz
✆ 0171-651 47 69
www.ms-astor.de/rankwitz.html
April–Mitte Okt.
Achterwasser € 15/8
Ausflugsfahrten auf dem Achterwasser Richtung Halbinsel Gnitz, Zinnowitz, Hafen Stagnieß oder nach Neppermin.

Stadt Usedom ➡ E4
Die einzige Stadt (1900 Einwohner) der Insel ist Namensgeberin des Eilands. Der im 13. Jahrhundert gegründete Ort liegt in ihrem Südosten am Usedomer See, einer Bucht des Stettiner Haffs. Ihr Wahrzeichen ist das **Anklamer Tor**, das einzig übrig gebliebene der ehemals drei Stadttore. Sehenswert ist auch die im 14. Jahrhundert erstmals erwähnte und im 19. Jahrhundert umgebaute **St. Marienkirche**.
    Markant ist der nur knapp zehn Meter hohe **Schlossberg**, auf dem früher eine slawische Burg stand, wegen eines großen steinernen Kreuzes von 1928. Es erinnert an Bischof Otto von Bamberg, den »Apostel der Pommern«, und wurde zum Gedenken an das 800-jährige Jubiläum der Christi-anisierung Pommerns aufgestellt. Hier sollen im Beisein des Bischofs am 10. Juni 1128 die pommerschen Adligen die Annahme des Christentums beschlossen haben.

ℹ 👥 Tourist Information ➡ E4
Bäderstr. 5, 17406 Usedom
✆ (03 83 72) 708 90
www.stadtinfo-usedom.de
Mo–Fr 10–16, Juni–Sept. auch Sa 10–12, Juli/Aug. bis 14 Uhr
Stadtrundgänge Mai–Sept. Di, Do 12.30 Uhr, € 3
UBB- und Adler-Schiffe-Ticketverkauf. Verkauf von Angelerlaubnis- und Touristenangelscheinen sowie Rad- und Wanderkarten. Start historischer Stadtrundgänge durch die Altstadt.

◉🎵 St. Marienkirche ➡ E4
Markt 20, Usedom
✆ (03 83 72) 702 47
www.stadtinfo-usedom.de
Tägl. 10–15 Uhr
1337 erstmals erwähnt, wurde das Gotteshaus nach dem großen Stadtbrand von 1475 im spätgotischen Stil wieder neu errichtet. Durch einen Umbau 1891 erhielt sie ihr heutiges Aussehen. Ein alter Grabstein gedenkt der Gründer des Klosters Grobe, der pommerschen Fürsten Ratibor und seiner Gattin Pribislawa. Die 2 m hohe Holzstatue des »Apostels der Pommern«, Bischof Otto von Bamberg (ca. 1060–1139) wurde der Gemeinde 2013 vom Künstler Günter Roßburg geschenkt. Klassikkonzertprogramm im Rahmen des Usedomer Musikfestivals.

☒🏨 Norddeutscher Hof ➡ E4
Markt 12, Usedom
✆ (03 83 72) 702 66
www.norddeutscherhof.de
Tägl. außer So 12–21 Uhr
Mecklenburgische Spezialitäten wie Pommersche Fischsuppe oder Hirschkalbsrücken an Holunderjus werden am Markt auch auf der Terrasse serviert. Im Hofgar-

Die Hafenfestspiele finden seit 2008 in der Stadt Usedom statt

ten findet freitags ab 17 Uhr im Sommer ein **Schauräuchern** statt. Vermittlung von Ferienwohnungen. €–€€

⊠ 🍽 🛏 Gasthaus Natzke ➡ E4
Geschwister-Scholl-Str. 5, Usedom
✆ (03 83 72) 703 98
www.gasthaus-natzke-usedom.de
Tägl. 8–22 Uhr
Wild- und Fischspezialitäten aus der Region, aber auch Eisbecher, Kaffee und Kuchen. Mit Pension, Fahrradtouristen willkommen. €

⊠ 🍽 🛏 Roseneck ➡ E4
Rosenstr. 8, Usedom
✆ (03 83 72) 767 37
www.roseneck-usedom.de
Tägl. außer Mo 12–19 Uhr
Fischspezialitäten, aber auch Eis, Kaffee und Kuchen schmecken u. a. im Biergarten. Gutbürgerliche Küche. Es gibt zudem Ferienwohnungen. €

🔭 🚶 De Spinndönz ➡ E4
Markt 16, Usedom
✆ (03 83 72) 763 90
www.spinndoenz.de
März–Okt. Mo–Sa 9–18, April–Sept. auch So 11–17, Nov.–Feb. Di, Fr 10–17 Uhr

Auf historischen Webstühlen entstehen Wollteppiche und Pommersches Leinen. Schauspinnerei, Verkauf von Produkten, Webkurse, auch in plattdeutscher Sprache.

🚶 Malschule ➡ bE4
Stolper Str. 2, Usedom
✆ (03 83 72) 764 17
www.malschule-usedom.de
Nach tel. Vereinbarung
Malen mit Anleitung nach freier Zeiteinteilung bietet die Kunstpädagogin Gudrun Dauer in ihrem Galerie-Atelier an.

🛏 Zeesenbootstour ➡ E4
Hafen, Usedom
✆ 0173-607 97 68
www.zeesenboot.de
Mai–Okt.
90 Min. Segeltörn € 14/7
Mit dem historischen Küstenfischerboot auf dem Stettiner Haff segeln ist ein tolles Erlebnis.

🎭 Hafenfestspiele ➡ E4
Hafen, Usedom
✆ (039 71) 20 89 25
www.hafenfestspiele-usedom.de
Juli/Aug., Tickets € 15–21/12–18, Familien € 23–50

Nur das imposante Hubteil der Karniner Eisenbrücke ist seit dem Zweiten Weltkrieg erhalten

Das unterhaltsame Freilufttheater der Vorpommerschen Landesbühne im Hafen zieht jährlich Tausende Besucher in seinen Bann.

Ausflugsziele:

Hubbrücke Karnin und Lotsenturm ➡ E4
www.lotsenturm-usedom.de
Die einstige Fünfbogenbrücke in Karnin mit Drehteil (Gesamtlänge 360 m) wurde mit der Eisenbahnlinie Swinemünde–Ducherow 1876 in Betrieb genommen. Der sprunghafte Anstieg des Schiffs- und Bahnverkehrs machte 1932/33 eine leistungsfähigere Hubkonstruktion erforderlich.

Von dem imposanten Bauwerk blieb nach der Sprengung durch die Wehrmacht im April 1945 nur der gigantische Hubteil erhalten. Eine mögliche Wiederinbetriebnahme scheiterte bis heute an den zu hohen Baukosten.

In der Nähe befindet sich auch der 1936 errichtete **Lotsenturm** mit Kegeldach und umlaufender Galerie, in dem man übernachten kann. Er ist der einzige in Vorpommern.

Haffschänke ➡ E4
Karnin 19, 17406 Karnin
✆ (03 83 72) 703 75
www.haffschaenke.de
In fünfter Generation wird das über 120-jährige Gasthaus mit Festsaal unterhalb des Lotsenturmes in Karnin bewirtschaftet. Auf den Tisch kommt Mecklenburger Hausmannskost, etwa Fisch aus dem Stettiner Haff, Bratkartoffeln oder hausgemachte Sülze, aber auch selbst gebackene Kuchen stehen bereit. €

Karnin-Anklamer Fähre ➡ E4
Anleger, Karnin
✆ 0178-557 64 14
Nur nach tel. Absprache
Kleine Personenfähre am Anleger Haffschänke Karnin, die das Festland auf der Halbinsel Anklamer Fähre nicht regelmäßig ansteuert, für Radler und Wanderer aber den kürzesten Weg nach Anklam offeriert.

Karnin-Kamp Fähre ➡ E4
Anleger Karnin
✆ 0177-283 45 04
www.fähre-kamp-karnin.de
Mai–Sept. tägl 11–17 Uhr, sonst nach tel. Vereinbarung
Einfache Fahrt € 6,50/2,50, Fahrrad € 2,50, kostenlose Rückfahrt am selben Tag bis 17 Uhr
Eine Personenfähre pendelt zwischen dem Festland und dem Anleger an der Hubbrücke Karnin. Sie ist vor allem für Fahrradfahrer und Wanderer praktisch.

Ost-West-Klüne ➡ E4
✆ (03 83 72) 717 04
Tägl. 8–15 Uhr, im Winter vorher anrufen
Eine Ruderfähre verbindet Ost- und Westklüne, die durch den 50 m breiten Verbindungskanal vom Usedomer See zum Stettiner Haff getrennt sind. Einfach die Klingel betätigen, dann holt der

Fährmann über, er nimmt auch Fahrräder mit.

🔖 Inselkäserei ➡ E4/5

Dorfstr. 30, 17406 Welzin
☎ (03 83 72) 761 39
www.inselkaese.de
Mo–Sa 10–17, So 13–17, im Sommer bis 18 Uhr
Schaukäserei und Probierstube von Steffen Schultze, der regionale Käsespezialitäten herstellt und das Käsen in der Schweiz gelernt hat. Seine Produkte sind auch in allen Edeka-Filialen auf der Insel erhältlich.

Stolpe ➡ E5

Fünf Kilometer westlich der Stadt Usedom ist das kleine Dorf mit 328 Einwohnern, das im 13. Jahrhundert erstmals Erwähnung fand, vor allem wegen seines restaurierten **Schlosses** bekannt, in dem u.a. Konzerte stattfinden. Der Falknerhof bietet **Greifvogelvorführungen**.

👁 Kirche Stolpe ➡ E5

Der neugotische Backsteinbau (Einweihung 1871) mit schlichter Holzbalkendecke ist ein Nachfolger der alten Kirche, die durch einen Blitzschlag 1867 stark beschädigt wurde und wahrscheinlich aus dem 13 Jh. stammte. Eine Glocke ist aus dem Mittelalterbau noch erhalten geblieben.

👁🛏❌ Schloss Stolpe ➡ E5

Am Schloss 1, Stolpe
☎ (03 83 72) 76 92 80
www.schloesser-gaerten-mv.de
www.restaurant-remise-schloss-stolpe.de
Tägl. ab 12 Uhr
Hochherrschaftlich speisen in der **Remise** (Spezialität sind Pommern Tapas) oder einem Konzert des Usedomer Musikfestivals lauschen. Das Schloss (1570–1600), das ursprünglich im Renaissancestil erbaut und nach dem Dreißigjährigen Krieg im Barockstil wieder aufgebaut wurde, ist kultureller und gastronomischer Magnet des Achterlands. Zu DDR-Zeiten wurden einige Teile des Schlosses abgerissen, dann aber wieder rekonstruiert.

🎒🚲🏃 Usedomer Falknerhof ➡ E5

Landweg 1, 17406 Stolpe
☎ 0176-38 40 00 69
www.stolperhof.de
April–Okt. tägl. 10.30 und 14.30 Uhr
Tickets € 7/4
Falken, Bussarde und sogar einen

Speisen in historischen Mauern: das Restaurant Remise im Schloss Stolpe

sibirischen Uhu kann man bei den Flugvorführungen hautnah erleben. Wer selbst einmal einen Vogel in die Lüfte fliegen lassen möchte, bucht einen Falkner-Workshop.

Dargen ➜ E5

Bekannt für sein Zweiradmuseum und das Wisentgehege im Ortsteil Prätonow gibt es hier außerdem eine Straußenfarm. Erstmals wurde das Dorf mit 538 Einwohnern im Jahre 1386 erwähnt. Ein Steinofen diente früher der Notversorgung der Dorfbewohner.

🏛 Technik- und Zweiradmuseum Dargen ➜ E5

Bahnhofstr. 7, 17419 Dargen
✆ (03 83 76) 202 90
www.museumdargen.de
April–Okt. tägl. 10–18, Nov.–März tägl. 10–15 Uhr, Eintritt € 7,50/5
DDR-Zweiräder aller Art sind in dem kleinen Museum am Rande der Mellenthiner Heide ausgestellt. Die interessante Sammlung zeigt neben diversen Mopeds und Motorrädern sozialistischer Produktion auch eine Ausstellung über Motorentechnik.

🏃🐾 Wisentgehege Usedom ➜ E5

Prätenow
✆ (03 83 76) 205 54
www.usedomer-wisente.de
Ostern–Okt. tägl. 10–17, Nov.–Ostern tägl. 10.30–15.30 Uhr
Eintritt € 4,50/3, bis 6 J. frei
Zucht- und Schaugehege. Wisente sind die größten Landsäugetiere Europas. Auch Baumhaus mit Kletterseilen.

Ausflugsziel:

👁 Kachlin ➜ D5

Idyllisch gelegenes Dörfchen am Kachliner See. Im Thurbruch, einem kultivierten Niederungsmoor zwischen Kachlin und Ulrichshorst, fällt ein 16 Meter hohes **Windkraftschöpfrad** (Bj. 1920) auf, das bis 1968 in Betrieb war und der Entwässerung des Moores Thurbruch diente. In Kachlin steht auch die einzige erhaltene **Feldsteinscheune** (Bj. 1850) auf Usedom mit imposantem Dachstuhl.

Zirchow ➜ E6

Etwa zehn Kilometer von den Kaiserbädern entfernt liegt der kleine Ort mit 630 Einwohnern am einzigen Flughafen der Insel. Die Kirche des Dorfes wurde von Lyonel Feininger gemalt und dadurch überregional bekannt.

🏃🐾✗ Hangar 10 ➜ E6

Flughafen, Zirchow
✆ (03 83 76) 295 10
www.hangar10.de
Mai–Okt. tägl. außer Di 10–18, Restaurant ab 11.30 Uhr
Eintritt € 10/6, Familien € 27
Erlebniswelt am Flughafen von Usedom mit Ausstellung historischer Fluggeräte, Flugsimulator, Riesendartspiel, 3 m großen Laufbällen sowie zahlreichen weiteren Spiel- und Spaßattraktionen drinnen und draußen.

Insel-Safari

Mit dem Land Rover durch das Achterland oder auf Abenteuertour über das Stettiner Haff und Achterwasser per Paddel- und Schlauchboot: Uwe und Gunnar Fiedler bringen Besuchern die wunderschöne Natur Usedoms auf vielfältige Art näher. Start ist immer die Unterkunft der Teilnehmer (mindestens vier, höchstens acht), sieben bis neun Stunden dauert eine Tour mit Picknick und Kaffeepause. Bei Mehrtagestouren wird im Zelt übernachtet (✆ 0172–316 66 34, www.insel-safari.de).

Der Wisent, auch europäischer Bison, gilt nach wie vor als gefährdete Tierart; hier die Herde des Wisentgeheges Usedom

Kamminke ➡ E7

Das Fischerdörfchen mit rund 300 Einwohnern ist eine Oase der Ruhe mit bewaldeter Steilküste und schmalem Sandstrand (ca. 10 m breit), der sich westlich des Ortes befindet. Auch Surfer, Segler und Angler kommen hier garantiert auf ihre Kosten. Vorsicht: Am Steilufer kann es zu Abbrüchen kommen! Das Naturschutzgebiet Golm mit Soldatenfriedhof ist ein Paradies für Ornithologen und Botaniker.

🌐👁🏛 Friedhof und Naturschutzgebiet Golm ➡ E7

Nördl. von Kamminke
Auf dem bronzezeitlichen, 69 m hohen Burgwall Golm, der höchsten Erhebung Usedoms, liegen Tausende Soldaten und zivile Opfer des Bombenangriffs auf Swinemünde vom 12. März 1945 begraben. Rundherum tummeln sich seltene Vögel und Pflanzen auf 25 ha an der deutsch-polnischen Grenze.

✕🛏 Gasthof Haffblick ➡ E7

Wiekstr. 12, Kamminke
☎ (03 83 76) 202 03
www.haffblick-kamminke.de
Gutbürgerliches Kaminrestaurant mit Fischspezialitäten und Kamminker Bio-Apfelsaft. Gästezimmer vorhanden. €–€€

✕🛏 Räucherei Klönsnack ➡ E7

Auf der Mole
Kamminke
☎ (03 83 76) 297 76
www.fischraeucherei-kamminke.de, Sommer tägl. 8–24 Uhr, Mo, Fr, Sa ab 19 Uhr Grill- und Räucherbüfett, Juli/Aug. auch Do
Büfett €12,50/7,50 (6–11 J.)
Mit bestem Blick auf das Boddengewässer Stettiner Haff kann man hier herrlich Fisch essen. Tipp: das Abend-Büfett mit viel Räucherfisch, aber auch Steaks und Bratwurst, dazu Salate und verschiedene Beilagen. Im Sommer besser reservieren. €

🛥⚓ Oderhaffreederei Peters ➡ E7

Hafen, Kamminke
☎ (03 97 71) 224 26
www.reederei-peters.de
Ueckermünde hin und zurück €25,50/13 (bis 14 J.), Haffrundfahrt €12/7, Stettin hin und zurück €29,50/21
Mit dem Ausflugsdampfer über das Stettiner Haff nach **Ueckermünde** schippern oder nach **Stettin** (Tagestour). Mit Fahrradtransport. ■

Usedom in Zahlen und Fakten

Zweitgrößte deutsche Insel
Fläche: 445 km², davon 90 km² polnisch
Küstenlänge: 42 km
Einwohner: etwa 31 500 auf deutscher, 45 000 auf polnischer Seite
Höchster Berg: Golm (69 m)
Städte: Usedom, Swinemünde
Kreis: Landkreis Vorpommern-Greifswald (Kreisstadt Greifswald)
Radwege: ca. 150 km

Anreise

Mit dem Auto

Usedom überreicht man von der A20 (Abfahrt Gützkow oder Friedland) über die B110 (Anklam) sowie über die B111 (Wolgast). Bei beiden Inselübergängen gibt es **Brückensperrzeiten**:
– Zecheriner Brücke ➡ E3 (B110): 9.40, 11.45, 16.45 Uhr; im Sommer auch: 5.45, 20.45 Uhr (jeweils 20 Min.)
– Wolgaster Brücke ➡ B3 (B111): 5.45, 8.45, 12.45, 16.45, 20.45 Uhr; im Sommer 7.45 (statt 8.45) Uhr (jeweils 20 Min.)

Mit Staus muss am Wochenende, in der Ferienzeit und während der Brückensperrzeiten – gerade die B 111 bei Wolgast ist ein Nadelöhr – gerechnet werden (Umgehungsstraße ab 2019). Auch die »Bäderstraße« und die »Kaiserbäderstraße« sind stark frequentiert.

Wer mit dem Pkw am Urlaubsort angekommen ist, sollte im Sinne einer stressarmen Urlaubszeit sein Auto stehen lassen und die Angebote der **Usedomer Bäderbahn** (UBB) nutzen: www.ubb-online.com.

Mit der Bahn

Von April bis Oktober fährt freitags und samstags ein IC von Köln über Hannover/Berlin nach Heringsdorf. Sonst geht es nach Stralsund oder, von Berlin aus kommend, Züssow, wo jeweils Anschluss an die Usedomer Bäderbahn (UBB) besteht (www.ubb-online.com). Nach Greifswald fahren stündlich Züge aus allen Richtungen (IC/ICE).

Mit dem Bus

Von Berlin aus fahren die Unternehmen Berlinlinienbus (www.berlinlinienbus.de) und Mein Fernbus (www.meinfernbus.de) sowie Fernbusse des RVD (Regionalverkehr Dresden) nach Usedom und Greifswald.

Mit dem Flugzeug

In Zirchow befindet sich der **Regionalflughafen Heringsdorf** ➡ E6. In der Hochsaison bestehen Direktflugverbindungen von mehreren deutschen Großstädten (www.flug.usedom.de).

Vom **Flughafen Rostock-Laage** geht es mit dem Mietwagen oder dem Zug weiter nach Usedom (www.rostock-airport.de).

Auskunft

ℹ Usedom Tourismus GmbH
➡ aB2
Waldstr. 1
17429 Seebad Bansin
✆ (03 83 78) 498 80
www.usedom.de

Die Adressen der örtlichen Tourist Informationen finden Sie im Kapitel Vista Points Usedom bei den jeweiligen Orten sowie im Kapitel Stadttour Greifswald.

Einkaufen

Auf Usedom können Produkte des täglichen Bedarfs problemlos in **Supermärkten** besorgt werden, von denen es mindestens einen in jedem größeren Ort gibt. Ist es Zeit für einen Großeinkauf, fährt man auf Usedom in den gleichnamigen Ort oder nach Wolgast. Wer »echtes« **Shopping** vermisst, muss die Insel verlassen und ist in der Greifswalder Fußgängerzone Lange Straße gut aufgehoben.

An der Ostseeküste »Meck-Pomms« gilt eine **Bäderverkaufs-verordnung** (auch Bäderregelung). Diese besagt, dass in Kur- und Erholungsorten sowie etwa in der Innenstadt von Greifswald zwischen März und Ende Oktober eine Ladenöffnung an Sonntagen (mit Ausnahme der Feiertage) von 13 bis 18 Uhr möglich ist.

Regelmäßig finden auf Usedom **Wochenmärkte** statt, auf denen neben regionalen Lebensmitteln auch Kunsthandwerk verkauft wird.

An Hofläden mangelt es auf Usedom natürlich auch nicht. Quilitz und Lütow sind gute Adressen für Naturkost.

Wer an die Ostseeküste fährt, freut sich zumeist auf **frischen Fisch**. Diesen gibt's natürlich am besten direkt vom Schiff beim Fischer oder in den zahlreichen Buden in den Seebädern und Hafenörtchen. Sie sind immer eine gute Wahl, wenn man Appetit auf ein Fischbrötchen oder Räucherfisch verspürt. Allerdings gilt es zu bedenken, dass längst nicht aller Fisch, der angeboten wird, tatsächlich aus der Region stammt. Zumal, wenn es sich um Lachs oder Atlantikfisch handelt.

Zu den beliebtesten **Mitbring-seln** gehört Typisches von der Insel wie etwa Produkte aus Sanddorn, aber auch zu Schmuck verarbeiteter Bernstein, Muscheln oder Strandgut. Auch ein Strandkorb aus der Strandkorbmanufaktur in Heringsdorf (Lieferung per Spedition) und Keramik mit regionalen Motiven, etwa aus Morgenitz, sind beliebte Souvenirs.

Essen und Trinken

Schlemmerfreunde werden auf Usedom ganz sicher auf ihre Kosten kommen. Dabei steht der fangfrische Fisch aus der Ostsee in allen möglichen Variationen auf den meisten Speisekarten. Ganz gleich, ob Sie es rustikal mögen oder lieber elegant: Von der traditionellen Fischräucherei, dem urigen Erlebnisrestaurant, dem Fischlokal bis hin zur feinen Küche in den noblen Hotels bieten die Inseln ein breites Spektrum für Genießer.

Die ambitionierten Inselköche bevorzugen heimische Produkte: Bärlauch, Fisch, Käse und Kohl, Lamm oder Wild. Für Genießer sind zudem die traditionellen **Herings-, Hornhecht- oder Kohl-wochen** (April/Mai bzw. Sept./Okt.) Pflichttermine.

Unter den östlichen Bundesländern führt Mecklenburg-Vorpommern übrigens inzwischen die kulinarische Hitparade an. Im **Guide Michelin 2016** sind zehn Restaurants mit einem Stern aufgeführt, davon eines in Heringsdorf, das

»Tom Wickboldt« im Romantik Hotel Esplanade.

Die bei den Restaurants angegebenen **Preiskategorien** (€) beziehen sich auf den Preis für ein Hauptgericht ohne Getränke:

Das Gold der Ostsee: Bernstein

€   – bis 15 Euro
€€ – 15 bis 20 Euro
€€€ – über 20 Euro

Feiertage

Im deutschen Teil Usedoms:
1. Jan. – Neujahr; März/April– Karfreitag, Ostermontag; 1. Mai – Tag der Arbeit; Mai/Juni – Himmelfahrt, Pfingstmontag; 3. Okt. – Tag der Deutschen Einheit, 31. Okt. – Reformationstag; 25./26. Dez. 1. und 2. Weihnachtsfeiertag

Im polnischen Teil Usedoms:
1. Jan. – Neujahr; März/April – Ostermontag, Fronleichnam; 1. Mai – Tag der Arbeit, 3. Mai – Tag der Verfassung; 15. Aug. – Mariä Himmelfahrt; 1. Nov. – Allerheiligen, 11. Nov. – Unabhängigkeitstag; 25./26. Dez. 1. und 2. Weihnachtsfeiertag

Feste und Veranstaltungen

Ob Theater, klassische Konzerte, Festivals, Sport- oder Kinderveranstaltungen – auf den Inseln findet der interessierte Besucher an vielen Orten und zu jeder Jahreszeit Möglichkeiten, künstlerische und kulturelle Events zu besuchen. Folgende ausgewählte Veranstaltungen finden jährlich statt:

Februar
Winterbadespektakel – Eisbaden mit Verkleidung in Ahlbeck am Samstag vor dem Valentinstag

April
Sandskulpturenfestival – Bis Anfang Nov., am Grenzübergang Ahlbeck-Swinemünde, www. sandskulpturen-usedom.de

Mai/Juni
Zinnowitzer Holzbildhauersymposium mit Künstlern aus aller Welt, die vor Ort ihre Skulpturen fertigen und zeigen.
Kleinkunstfestival – Internationales Straßentheater und Kunsthandwerkermarkt in Heringsdorf, Pfingsten, www.kleinkunst-festival.com
Kaiserbäder-Pleinair – Sieben Maler porträtieren die Insel unter freiem Himmel im Mai, www.7malenammeer.de

Der **Sanddornstrauch** stammt ursprünglich aus dem Tibet, wo man sich schon lange seiner nützlichen Wirkung bedient. Auch hierzulande ist die Pflanze heimisch und wächst besonders auf den sandigen Böden an der Ostseeküste. Die orange- bis kirschroten Beeren des dornigen Strauchs sind nicht nur besonders reich an Vitaminen (ACE-Komplex), sondern enthalten zusätzlich viele Mineralstoffe und Spurenelemente. Die gesunde Beerenfrucht findet man zunehmend auf den Speisekarten vieler Restaurants und in zahlreichen Produkten (Sanddorn-Likör oder -Honig).

Juli/August
Benzer Kirchensommer – Klassische Konzerte in der Dorfkirche Benz, www.kunstkabinett.de/benzer-kirchen-sommer.html
Fischerfest in Greifswald-Wieck – Buntes Programm mit Bands, Rettungsübung der DLRG im Hafen, Feuerwerk, Boddenschwimmen und Ritterturnier im Juli
Konzertsommer in den Kirchen der Kaiserbäder – Konzerte in den drei Kirchen von Heringsdorf, Ahlbeck und Bansin Juli–Sept., www.kaiserbaeder-auf-usedom.de
Töpfermarkt Morgenitz – Töpfertreffen des ganzen Landes im Juli, www.keramik-morgenitz.de
Klassik am Meer – Theater- und Konzertreihe in der Kirche Koserow Juli–Sept., www.klassik-am-meer.de
Vineta-Festspiele – Freiluft-Theateraufführungen in Zinnowitz, www.vineta-festspiele.de
Sommerfest Zinnowitz – Konzerte, Show- und Kinderprogramm Mitte Aug., www.zinnowitz.de
Swinemünder Orgelabende – Renommierte Konzertreihe in der König Christus Kirche, www.balticportal.pl
Swinemünde Sail – Windjammerparade mit Volksfest und Gelegenheit zum Mitsegeln Mitte August

Regionale Spezialität: Räucheraal

Usedom Beach Cup – Volleyballturnier in Karlshagen, im Sommer, www.usedom-beachcup.de
Usedomer Hafenfestspiele – Open-Air-Theater am Hafen von Usedom im Juli/Aug., www.hafenfestspiele-usedom.de
Usedomer Kaisertage – Großes Straßenfest mit historischem Markt, Festumzug, Theater, Konzerten im Aug., www.kaisertage.de
Wikingerfestival in Wollin – Beliebtes Spektakel am 1. Augustwochenende

September/Oktober
Usedom-Marathon – Laufwettkampf von Swinemünde nach Wolgast, am 1. Samstag im Sept., www.usedom-marathon.de
Usedomer Musikfestival – Musik des Ostseeraums mit jährlichem Länderschwerpunkt, Aufführungen an verschiedenen Orten, u. a. im Kraftwerk des Museums Peenemünde, Sept./Okt., www.usedomer-musikfestival.de

Hinweise für Menschen mit Handicap

Verstärkt bemüht man sich auch auf Usedom, behinderten Gästen ihren Urlaub so angenehm wie möglich zu gestalten. Vor allem die neuen Hotels, aber auch viele touristische Einrichtungen, wie Strandzugänge, sind inzwischen barrierefrei.

Der Tourismusverband der Insel Usedom hat die Broschüre »Barrierefrei auf der Insel Usedom« herausgegeben. Sie informiert auch über einen Strandrollstuhl mit Hybridantrieb, einen wassertauglichen Strandrolli und behindertengerechte Mietfahrräder.

Ansonsten geben die örtlichen Kurverwaltungen und Tourist Informationen sowie die Portale www.barrierefrei.m-vp.de und www.reisen-ohne-barrieren.eu

Auskünfte zu behindertengerechten Unterkünften und Sehenswürdigkeiten.

Internet

Auch an der Ostseeküste bieten die meisten Hotels und Vermieter kostenlosen Internetzugang bzw. WLAN an.

Informationen im Netz über Greifswald und Usedom:
www.auf-nach-mv.de
www.kulturportal-mv.de
www.greifswald.de
www.stadtmarketing-greifswald.de
http://insidegreifswald.de
www.mobilitaetszentrale-vorpommern.de
www.meer-usedom.de
www.usedom.de
www.kaiserbaeder.de
www.jungesusedom.de
www.bernsteinbaeder.usedom.de
www.balticportal.pl

Klima und Reisezeit

Usedom gehört zu den sonnenreichsten Gebieten Deutschlands. Das milde Reizklima mit seinem feuchten und jodhaltigen Wind sorgt auch außerhalb des Sommers für erholsame Urlaubstage. Deshalb ist auf der Insel das ganze Jahr Saison und die meisten touristischen Anbieter haben sich auch darauf eingestellt.

Während die Sommermonate – gerade in den Ostseebädern – oft von viel Trubel gekennzeichnet sind, geht es im Frühjahr und Herbst beschaulicher auf den Inseln zu: eine optimale Reisezeit für Naturliebhaber, die sich nach Ruhe sehnen. Zu warm wird es hier selten, da immer ein mehr oder weniger starker Wind weht.

Ein Erlebnis ist die Ostsee im Winter, wenn bei kaltem Wetter das Meer und Boddengewässer

zu Eis gefrieren. Auch Schneeballschlachten oder Spaziergänge an der frischen Luft am Strand machen Spaß, besonders, wenn man sich hinterher bei einem heißen Tee oder in der Sauna wieder aufwärmen kann. Das Beste: Während es am Festland oft verhangen ist, scheint am Ostseestrand auch im Winter häufig die Sonne.

Kurabgabe

Einige Gemeinden erheben eine Kurabgabe, mit der etwa die Strandreinigung, die Strandsicherung, die Müllentsorgung an öffentlichen Plätzen und deren Instandhaltung und Feste organisiert werden. Als Inhaber einer Kurkarte erhalten Gäste Vergünstigungen beim Besuch von vielen Sehenswürdigkeiten und Veranstaltungen.

Die Höhe der Kurtaxe unterscheidet sich von Ort zu Ort und zwischen Haupt- und Nebensaison. Kurabgabefrei sind häufig Kinder. Auskünfte erteilen die Kurverwaltungen und die Vermieter. Die Abgabe ist für die Dauer des Aufenthaltes bei diesen auch zu zahlen. Auf Usedom stehen an den Strandaufgängen zusätzlich Automaten zur Zahlung der Kurtaxe bereit. Dem Gast wird eine **Kurkarte** ausgehändigt.

Mit Kindern unterwegs

Auch für die kleinen Urlauber bieten die Inseln jede Menge Abwechslung und sicher unvergessliche Erlebnisse. Gerade in der Ferienzeit organisieren die örtlichen Kurverwaltungen Kinderveranstaltungen wie Basteln, Puppentheater, kreatives Gestalten und vieles mehr.

Aber natürlich ist in den Sommermonaten hauptsächlich der

dem Kopf stehende Haus in Trassenheide und der **Kletter-/Seilgarten** in Neu Pudagla.

Hinweise zu diesen und weiteren familienfreundlichen Angeboten finden Sie bei den einzelnen Orten im Kapitel Vista Points Usedom.

Nachtleben

Das Angebot an Bars und Discos auf Usedom ist zwar überschaubar, jedoch braucht man keine Angst vor Langeweile zu haben. Zahlreiche Hotels in den größeren Seebädern verfügen über eine **Bar**. Entlang der Strandpromenaden wird man immer fündig.

Auch an **Kinos** besteht kein Mangel. Vor allem in der Hochsaison öffnen zusätzlich zu dem festen Kino in Zinnowitz auch ein **Autokino** (Koserow) und Sommerkinos in mehreren Gemeinden.

Ein paar wenige **Discos** warten auf tanzfreudige jüngere Kundschaft: in Zinnowitz Hühnerstall (Möskenweg 24, www.diskothek-huehnerstall.de) und Tanzbar Miami (Neue Strandstr. 25, www.tanzbar-miami.de) sowie die Tanzbar im Baltic Hotel (Dünenstraße, www.baltichotel.de). Adressen der **Theater** finden Sie im Kapitel Vista Points bei den jeweiligen Orten.

Wem die Auswahl an Ausgehmöglichkeiten auf Usedom nicht reicht, muss nach **Greifswald** fahren. Dort gibt es dank der ausgehfreudigen Studenten relativ viele Bars und Kneipen. Zum Tanzen ist der Mensaclub (Am Schießwall 1–4, www.mensaclub.de) für junge Leute eine gute Adresse.

In Greifswald gibt es aktuelle Filme in einem Cinestar-Kinocenter (Langestr. 40, www.cinestar.de), ebenso im Kino-Center Anklam (www.kino-anklam.de).

Strand bevorzugter Spielplatz der Kleinen. Er fällt nur ganz allmählich ins Meer ab und ist besonders feinsandig. Hier können die Kinder nach Herzenslust spielen und Kleckerburgen bauen. Naturferien auf dem Land sind ebenfalls sehr beliebt. Daneben gibt es aber auch vielerlei andere Möglichkeiten, den kleinen Gästen einen erlebnisreichen Urlaub zu bescheren. Bei schlechtem Wetter oder außerhalb der Sommersaison locken vor allem die **Badelandschaften/Spaßbäder** Ahlbeck, Zinnowitz und Greifswald.

Zahlreiche Museen wie das **Spielzeugmuseum** in Peenemünde, das **Mitmachmuseum** in Peenemünde oder **Gullivers Welt** in Pudagla begeistern Kinder und Eltern gleichermaßen. Besonders viele Attraktionen für Kinder gibt es in Trassenheide mit **Piratenspielplatz, Kinderland Erlebniswelt, Abenteuer Minigolf** etc. Tierfreunde erwarten die **Tierparks** in Greifswald und Wolgast, das **Tropenhaus** Bansin, die **Schmetterlingsfarm** und das **Wildlife Usedom** in Trassenheide.

Andere empfehlenswerte Attraktionen sind ein begehbares **U-Boot** in Peenemünde, das auf

Naturschutz

13 Naturschutzgebiete erhalten Flora und Fauna auf der Insel. 1999 wurden die in Richtung Festland liegenden Gewässer und die gesamte Landmasse Usedoms unter Schutz gestellt und als Naturpark Insel Usedom gekennzeichnet.

Fast die Hälfte des Schutzgebiets besteht aus Wasserflächen, rund 20 Prozent bedecken Wälder mit Buchen-, Eichen- und Kieferbeständen und fast 15 Prozent der geschützten Fläche sind Hoch-, Küstenüberflutungs- und Verlandungsmoore. Eine große Bedeutung hat der Naturpark wegen seines Artenreichtums an Vögeln. Zahlreiche Greifvogelarten, darunter See- und Fischadler sowie Kraniche, Höckerschwäne, Kormorane und Graureiher fühlen sich hier wohl. Während der jährlichen Vogelzüge von und nach Skandinavien rasten hier außerdem Zehntausende nordische Gänse und Enten.

15 Naturschutzgebiete im Naturpark Usedom – darunter das Hochmoor Mümmelkensee bei Bansin, das letzte von Menschenhand unberührte Hochmoor – bergen seltene Tier- und Pflanzenarten sowie ursprüngliche Landschaftsformen. Die wichtigsten Naturschutzgebiete werden in den jeweiligen Ortsbeschreibungen des Kapitels Vista Points Usedom vorgestellt.

Notfälle, wichtige Rufnummern

Notruf ☏ 112
Apothekennotdienst:
www.aponet.de
ADAC-Pannendienst:
☏ (018 02) 22 22 22
Autoreparatur 24-h-Notdienst in Ahlbeck:
☏ 0172-951 21 81
Deutsche Bahn ☏ 118 61
Kreiskrankenhaus Wolgast:
☏ (038 36) 25 70
Notaufnahme der Universitätsmedizin Greifswald:
☏ (038 34) 225 00
Zentrum für Kinder und Jugendmedizin Greifswald
☏ (038 34) 86 64 18
Dialysezentrum Koserow:
☏ (03 83 75) 203 43
Ostseebus ☏ (03 83 78) 336 30
Fahrplanauskunft Nahverkehr Region Vorpommern-Greifswald:
☏ (0800) 539 00 00 (kostenfrei)
Usedomer Bäderbahn (UBB):
☏ (03 83 78) 27 15 55
Taxi-Ring ☏ (03 83 78) 225 26
Taxizentrale ☏ (03 83 77) 405 67
Taxi Dahl ☏ (03 83 75) 202 07
Wasserschutzpolizei Wolgast:
☏ (038 36) 237 20
Wasserschutzpolizei Anklam:
☏ (039 71) 251 16 20

Rasante Bananenfahrt

Presse

Ostsee-Zeitung (OZ) – regionale Tageszeitung mit Lokalteil für Usedom
Nordkurier – regionale Tageszeitung mit Lokalteil für Usedom
Usedom aktuell – das touristische Magazin erscheint neunmal im Jahr

Gastgeberkataloge und -magazine der Ferienorte liegen in den Tourist Informationen aus.

Sport und Erholung

Rad- und Segwayfahren
Für Radfahrer ist die Insel ein reizvolles Terrain mit vielen neuen Radwegen. Auf Usedom wurde das Radwegenetz auf eine Länge von rund 150 Kilometer ausgebaut. Hier ist das Rad das ideale Verkehrsmittel. **UsedomRad** hat daher 80 Verleihstationen eingerichtet, von denen einige auch eine Automatikfunktion besitzen. Eine telefonische oder Online-Registrierung vorausgesetzt (© 030-55 57 69 11, www.usedomrad.de), kann dann das Rad an jeder Station rund um die Uhr wieder abgegeben werden.

Auch **Elektroräder** gehören mittlerweile zum Straßenbild auf der Insel. Die Reservierung eines Elektrorads erfolgt auf Usedom entweder über die Hotelrezeption, an den Stationen von UsedomRad, bei bluegreen usedom in Ahlbeck (Goethestr. 30, © 0171-784 41 04, www.bluegreenusedom.de) oder telefonisch über die oben erwähnte UsedomRad-Hotline.

Etliche **Hotels** verleihen ebenfalls Räder.

Der Ausbau des Radwegenetzes ist noch nicht abgeschlossen. Um längere Distanzen zu überbrücken oder »Problembereiche« zu umfahren, kann man die Räder auch in der Usedomer Bäderbahn transportieren.

Routenvorschläge und Adressen der Fahrradverleihstationen sind unter www.usedomrad.de aufgelistet. **Faltkarten** gibt es vor Ort in den Tourismusbüros.

Auf Usedom ist die 56 Kilometer lange **Feininger-Radtour** empfehlenswert. Sie führt an 40 Orten vorbei, an denen Lyonel Feininger gemalt hat. Einen Flyer zur Tour

Der Feininger-Radweg verbindet die Orte Neppermin, Benz und Sallenthin und führt an der Holländer-Windmühle bei Benz vorbei

kann man herunterladen unter www.usedom.de/insel-usedom/erleben/feininger.html.

Segways verleiht die Firma bluegreen usedom in Ahlbeck (siehe Elektroräder).

Wandern
Infos zu **Wanderrouten** finden Sie unter www.usedom.de. Im Onlineshop der Tourismuszentrale Usedom oder in den Tourismusbüros und Buchhandlungen vor Ort können **Wanderkarten** erworben werden. Entsprechendes gilt für Nordic Walker.

Wellness
Die Insel ist ein ideales Kurgebiet. Die Grundlage dafür bilden vor allem die intakte Natur und die milde, jod- und salzhaltige Seeluft. Seit Jahrzehnten nutzen besonders Patienten mit Atemwegs- und Hauterkrankungen die zahlreichen Kureinrichtungen auf Usedom.

Neben klassischen **Gesundheitszentren und Kuranlagen** mit Krankenkassenzulassung sind in den letzten Jahren analog zum Boom der Wellnessbewegung einige **Thermen und Spas** entstanden, die dem gestressten Bürger Entspannung und Erholung, sei es durch Massagen, Thalasso-Therapie oder Fitness- und Ernährungskurse versprechen.

Ausführliche Informationen erhalten Sie bei den Kurverwaltungen und dem **Deutschen Heilbäderverband** (www.deutscher-heilbaederverband.de). Bei der Tourismuszentrale Usedom kann man eine Infobroschüre bestellen.

Informationen zu den Angeboten sind auf www.usedom.de/themen/wellness-gesundheit.html zusammengestellt.

Wassersport

Es überrascht kaum, dass die Insel ein perfektes Urlaubsziel für Wassersportler ist: Segeln, surfen, kiten, Boot, Kajak, Kanu oder Wasserski fahren, tauchen oder einfach »nur« schwimmen – für jede Wasserratte findet sich das Richtige.

Neben der Heringsdorfer Seebrücke etwa kann man Wasserski und Kanu sowie Bananenboot fahren. Am Sportstrand in **Zinnowitz** gibt es u. a. Tret- und Bananenboote sowie eine Surf-, Tauch- und Segelschule. In **Karlshagen** sorgen Wasserski und Wakeboard sowie Bananenboote für Bewegung.

Anbieter sämtlicher Wassersportarten listet www.meer-usedom.de auf, weitere Informa-

Surfschule am Strand von Karlshagen

tionen außerdem unter www.sportstrand-zinnowitz.de sowie für Karlshagen www.sportstrand-usedom.de.

Auf Usedom sind die **Segelschulen und Wassersportzentren** von Lütow (www.wassersport-usedom.com), Ückeritz (www.windsport-usedom.de), Zinnowitz (www.sail-away-usedom.de) und Karlshagen (www.sportstrand-usedom.de) zu empfehlen.

Kanu- und **Kajakfahrten** auf dem Peenestrom und Achterwasser bietet der Kanuhof Spandowerhagen (✆ 03 83 70-206 65, www.kanuhof-spandowerhagen.de) an der Mündung des Peenestroms zwischen Freest und Lubmin an sowie die Abenteuer Flusslandschaft Netzwerkzentrale (✆ 03 71-24 28 39, www.abenteuer-flusslandschaft.de) in Anklam. In Seekajakcamps kann man Paddeltechniken auf dem Peenestrom und in den offenen Küstengewässern der Insel Usedom erlernen. Tagestouren, aber auch mehrtägige Fahrten mit Übernachten in Zelten oder Pensionen (max. acht Teilnehmer) bringen Paddlern die Natur vom Wasser aus näher. Abenteuer Flusslandschaft verchartert auch **Haus-, Motor-** und **Solarboote**.

Wer gern tiefer in die Materie eintaucht, findet auf den Internetseiten www.green-sea-diver.de und www.sportstrand-zinnowitz.de erfahrene **Tauchschulen** bzw. gute Tauchbasen auf der Insel Usedom.

Bei kaltem und regnerischem Wetter empfiehlt sich der Besuch der **Schwimm- und Spaßbäder** u. a. in Ahlbeck, Zinnowitz und Greifswald. Die wichtigsten Adressen finden Sie unter den jeweiligen Orten im Kapitel Vista Points.

Angeln

Wer in den Küstengewässern angeln möchte, benötigt einen

Touristen-Fischereischein, den auch Tourist Informationen und Campingplätze ausgeben können. Der Fischereischein gilt bis zu 28 Tage und kann ab einem Alter von zehn Jahren erworben werden. Infos unter: www. angeln-in-mv.de.

Von vielen Häfen starten **Angelfahrten.** Eine Übersicht über die Angebote bietet die Website u. a. www.mv-maritim.de.

Golfen

Auf Usedom gibt es zwei Golfplätze, beides abwechslungsreiche 18-Loch-Courts: **Golfplatz Balmer See** (✆ 03 83 79-280, www.golf hotel-usedom.de) nahe Balm im Achterland und **Baltic Hills Usedom** (✆ 03 83 78-323 18, www.baltic-hills.de) in Korswandt in der Nähe der Kaiserbäder.

Auf den Golfplätzen finden mitunter Turniere statt. Einsteiger können auch Golfunterricht nehmen.

Die einfachere und günstigere Variante **Swingolf** kann man auf einer Anlage in Reestow auf der Halbinsel Lieper Winkel spielen (www.swingolf-usedom.de).

Reiten und Kutschfahrten

Ponys und Pferde lassen Kinderherzen höher schlagen. Auf Usedom bieten zahlreiche Reiterhöfe geführte Ausritte (auch am Strand), Ponyreiten, Kutschfahrten und Reitunterricht an:

Auf Usedom sind die Reiterhöfe von **Bannemin** (✆ 03 83 77-411 78, www.reiterhof-bannemin. de) und **Sallenthin** (✆ 03 83 78-49 98 14, www.pferdezentrum-waldoase.de) empfehlenswert.

Auf einigen **Gutshöfen mit Reiterhof** kann man sogar übernachten. Verzeichnisse und Hintergrundinformationen unter: www. reiten-in-mv.de und www.meer-usedom.de/usedom-erleben/aktivurlaub-usedom/usedom-reiten.

Das größte Beachvolleyball-Turnier der Welt: Usedom-Beachcup in Karlshagen

Sport am Strand

Auf dem Handtuch in der Sonne liegen oder im Strandkorb faulenzen war gestern: Für die Bewegung am Wasser ist in den **Kaiserbädern** zwischen Heringsdorf und Ahlbeck ein eigener Strandabschnitt reserviert und täglich wird hier für Kinder, Jugendliche und Erwachsene im Juli und August von montags bis freitags zwischen 9 und 17 Uhr einiges geboten: Volleyball, Yoga, Badminton, Beach Soccer, Beach-Handball, Nordic Walking, Bauch-Beine-Po, Strandgymnastik, Strandolympiaden, Geo-Coaching, Sandfigurenwettbewerbe, Strandspiele, Barfußwanderungen etc.

An den Stränden in **Ahlbeck, Zinnowitz und Bansin** gibt es Trampoline.

Informationen zum Sportprogramm gibt es bei den jeweiligen Tourist Informationen oder unter ✆ 0160-587 53 20, www.kaiser baeder-auf-usedom.de/veranstal tungen/sportstrand-kaiserbaeder.

Sprachhilfen für das Plattdeutsche

Sprachschwierigkeiten mit dem norddeutschen Dialekt gibt es kaum, da in Mecklenburg-Vorpommern nur noch vereinzelt oder von älteren Bewohnern plattdeutsch gesprochen wird.

Mecklenburg-Vorpommern gehört zum niederdeutschen (plattdeutschen) Sprachgebiet. Auch wenn Ende des 15. Jahrhunderts der Schreibsprachwechsel zum Hochdeutschen kam, wurde das Niederdeutsche hauptsächlich von der einfachen Landbevölkerung weiter gesprochen. Dennoch gewann das Hochdeutsche ab Mitte des 20. Jahrhunderts immer mehr an Bedeutung, auch wenn man sich in den letzten Jahren angestrengt bemüht hat, das Sprachkulturgut »Plattdeutsch« zu erhalten.

Wissenschaftlich gesehen gibt es das mecklenburgische und das vorpommersche Platt – jedoch sind die Unterschiede im Gebrauch kaum von Bedeutung.

Achten sollte man auf die Betonung z. B. bei Mecklenburg – sprich: *Me:klenburg.* Wer zudem auf einen Einheimischen trifft, der *platt snackt* (spricht), sollte zumindest wissen, dass *Tach ok* – Guten Tag heißt, mit *kieken un köpen* – gucken und kaufen gemeint ist, ein Missgeschick häufig als *Schietkram* bezeichnet wird und *Kiek mol wedder in* eine Aufforderung zu einem erneuten Besuch ist.

Baywatch am Strand von Usedom

Unterkunft, Camping

Badetourismus hat auf der Insel eine über 160-jährige Tradition. Die mondäne Atmosphäre vergangener Tage kann man heute noch spüren. Usedom bietet inzwischen aber Übernachtungsmöglichkeiten für jeden Anspruch. Urlauber haben die Wahl zwischen Hotels, Pensionen, Ferienwohnungen und Apartments, Ferienhäusern, Jugendherbergen und Privatzimmern.

Fast alle Quartiere sind neu entstanden oder wurden innerhalb der letzten Jahre zum Teil aufwendig saniert. Im Hinterland beherbergen feine Pensionen und Gutshäuser Naturliebhaber und den nach Ruhe suchenden Gast.

Ausführliche **Gastgeberverzeichnisse** geben die jeweiligen Tourismusvereine heraus.

Auf der Website der Usedom Tourismus GmbH (www.usedom. de) ist ein solches unter dem Menüpunkt »Urlaub buchen« online einsehbar.

Die reizvollen Landschaften Usedoms bieten auch für **Campingfreunde** alles, was ihr Herz begehrt. 14 Zeltplätze sind auf der Insel Usedom zu finden. Davon liegen die meisten in unmittelbarer Wassernähe. Alle Campingplätze verfügen über eine komfortable bis ausgezeichnete Ausstattung. Für jeden Camper, ob mit dem Igluzelt, dem Caravan oder dem Reisemobil, gibt es das passende Angebot. Alle Plätze haben ihre Eigenarten: Ob FKK-Gelände oder Jugendcamp, ob naturbelassen oder streng geordnet, es gibt kleine, individuelle Familienplätze genauso wie die großen, perfekt organisierten Campingparks.

Einen Eindruck über die verschiedenen Plätze vermitteln die Homepages: www.vcwmv.de, www.insel-usedom.net/zelten. htm oder die **Camping-Broschüre** der Tourismuszentrale.

Verkehrsmittel

Mit der Bahn

Haupttransportmittel auf Usedom ist – neben dem Auto – die **Usedomer Bäderbahn** (UBB, www.ubb-online.de). Züge der UBB verkehren von Stralsund über Greifswald, Züssow und Wolgast bis Ahlbeck sowie Swinemünde (Polen). Fahrgäste nach Trassenheide, Karlshagen oder Peenemünde steigen in Zinnowitz um. Der gesamte Küstenstreifen ist somit erreichbar.

Bus

Von den Küstenorten ins Hinterland bietet **Ostseebus** (www.ostseebus.de) verschiedene regelmäßig befahrene Linien an, auch in den polnischen Teil der Insel.

Fahrrad

Informationen zum **Radverkehr und -verleih** auf Usedom finden Sie auf S. 87.

Flugzeug/Ballon

Aus der Vogelperspektive wird die Schönheit Usedoms mit den breiten Sandstränden und der Einsamkeit des Achterlands auf einmalige Art deutlich. Fliegen kann man über die Insel im Rahmen eines Rundflugs oder mit dem Heißluftballon.

– **Flugdienst Heringsdorf** ➡ E6
Flughafen Heringsdorf in Zirchow
☏ (03 83 76) 296 85
www.flugdienst-heringsdorf.de
– **Classic Antonow** ➡ E6
Flugplatz Heringsdorf in Zirchow
☏ (03 83 76) 295 07
www.classic-antonow.de
Rundflug mit dem einmotorigen Doppeldecker Antonow AN-2.
– **Usedomer Fluggesellschaft**
➡ A3
Flugplatz Peenemünde
☏ (03 83 71) 285 23
www.usedomer-fluggesellschaft.de

Von fast allen Seebrücken auf Usedom starten Schiffstouren

– **Usedomer Fliegerclub** ➡ D5
Flugplatz Mellenthin
☏ 0172-312 39 72
www.usedomerfliegerclub.de
Rund- und Ultraleichtflüge sowie Fallschirmspringen.
– **Ballonhof Usedom** ➡ D5
Start je nach Wetterlage verschieden
☏ (03 83 78) 80 18 68
www.ballonhof.de
Heißluftballonfahrten.

Mietwagen

Autovermietungen gibt es in Greifswald, Kölpinsee (www.toyota-stueben.de), und Swinemünde (www.avis.de). Wer einmal einen Trabant als Cabrio fahren möchte, kann bei Fun car rent (☏ 038 36-60 37 67, www.trabimieten.de) in Bannemin nahe Trassenheide dieses DDR-Modell mieten.

Taxi

Taxen können unter den entsprechenden auf S. 86 aufgeführten Rufnummern bestellt werden und warten auch an Bahnhöfen auf Passagiere.

Schiff

Von vielen Häfen werden **Schiffsausflüge, Inselrundfahrten** sowie **Trips von Seebrücke zu Seebrücke** oder nach Swinemünde angeboten. Fähren nach Ystad in Schweden fahren täglich ab Swinemünde. Nähere Informationen und Adressen finden Sie im Kapitel Vista Points Usedom bei den jeweiligen Orten. ■

Die **fetten** Seitenzahlen verweisen
auf ausführliche Erwähnungen, *kursiv*
gesetzte Begriffe bzw. Seitenzahlen
beziehen sich auf den Service.

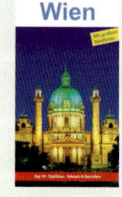

DEIN FOTO.
DEINE POSTKARTE.

VERSENDE DEINE SMARTPHONE-FOTOS ALS ECHTE POSTKARTEN!
WELTWEIT – VON ÜBERALL AN JEDEN ORT.

1. MyPostcard-App kostenlos laden

2. Friends-Code in „Mein Konto" einlösen

3. Echte Postkarte weltweit versenden

 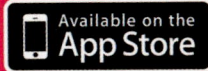

Textnachweis
Der Reiseführer beinhaltet zum Teil stark überarbeitete und aktualisierte Texte von Thorsten Czarkowski und Andreas Meyer.

© 2016 VISTA POINT Verlag GmbH, Birkenstr. 10, D-14469 Potsdam
Alle Rechte vorbehalten
Reihenkonzeption: Andreas Schulz & VISTA POINT-Team
Bildredaktion: Eszter Kalmár
Lektorat: Verena Mörath, Christina Richter
Layout und Herstellung: Kerstin Hülsebusch-Pfau, Britta Wilken
Reproduktionen: Henning Rohm, Köln; Noch & Noch, Menden
Kartographie: Kartographie Huber, München
Druckerei: Colorprint Offset, Unit 1808, 18/F., 8 Commercial Tower, 8 Sun Yip Street, Chai Wan, Hong Kong
VP12XVI

ISBN 978-3-95733-402-2

An unsere Leser!
Die Informationen dieses Buches wurden gewissenhaft recherchiert und von der Verlagsredaktion sorgfältig überprüft. Nichtsdestoweniger sind inhaltliche Fehler nicht immer zu vermeiden. Für diese übernimmt der Verlag keine Haftung. Für Ihre Korrekturen und Ergänzungsvorschläge sind wir dankbar.

VISTA POINT Verlag
Birkenstr. 10 · 14469 Potsdam
Telefon: +49 (0)3 31/817 36-400 · Fax: +49 (0)3 31/817 36-444
info@vistapoint.de · www.vistapoint.de · www.facebook.de/vistapoint.de